阿拉伯国家经贸文化丛书

阿联酋经贸文化

TRADE AND CULTURE
ON THE
UNITED ARAB EMIRATES

刘　伟◎编著

社会科学文献出版社
SOCIAL SCIENCES ACADEMIC PRESS (CHINA)

迪拜塔

阿联酋皇宫

阿联酋谢赫扎耶德大清真寺

阿联酋阿布扎比清真寺

骆驼在迪拜的海滩上

年轻人在表演沙漠猎鹰

迪拜棕榈岛

赛骆驼俱乐部在进行比赛训练

阿拉伯男子穿着传统服装

迪拜的天际线：哈利法塔及现代建筑

表演阿联酋的传统舞蹈贝都因

沙漠农场，在塑料大棚中种植蔬菜

阿联酋旅游
图标集

富查伊拉城堡周围的传统房屋

前　言

阿拉伯国家是指以阿拉伯民族为主体所组成的国家，它们使用同一种语言——阿拉伯语，有共同的文化和风俗习惯，绝大多数人信仰伊斯兰教。有些国家虽非以阿拉伯民族为主体，但长期以来与阿拉伯国家建立了紧密的政治、经济、文化、宗教联系，并加入了阿拉伯国家联盟，因此也被称为阿拉伯国家。目前阿拉伯国家共有 22 个，大都分布在中东地区，包括阿拉伯联合酋长国、阿曼、巴林、科威特、卡塔尔、沙特阿拉伯、也门、巴勒斯坦、黎巴嫩、叙利亚、伊拉克、约旦、阿尔及利亚、埃及、利比亚、摩洛哥、突尼斯、吉布提、毛里塔尼亚、苏丹、索马里、科摩罗。阿拉伯国家总面积约 1340 万平方公里，总人口约 3.5 亿（2015 年），分别占世界的 9%和 5%。

阿拉伯国家和地区历史悠久，处东西方要冲，具有十分重要的战略地位。中世纪以后的阿拉伯文化融汇古今东西古老文明，将其贯通传承并发扬光大，集合了东西方文明成果的阿拉伯文化包罗万象，博大精深，影响深远。它在时间上处于古希腊罗马文化与西方近代文化之间，因而起到了传承古代和近代文化、影响西方文艺复兴的作用；在空间上处于东西方文化的交汇点上，因而能够构架起东西方文化交流的桥梁。阿拉伯文化虽然只是一种古老的地域文化，但随着《古兰经》的降示和伊斯兰教的传播，经过短短几十年，这一狭小、贫瘠地域的民族文化就焕发出蓬勃的生命力，以一种全新的文化形式（阿拉伯伊斯兰文化）迅速席卷亚非大陆并进而影响世界。发源于阿拉伯半岛、以阿拉伯语和伊斯兰教为代表的阿拉伯伊斯兰文化是当今延续时间长、没有断绝的四大文化体系之一（季羡林先生语）；世界四大文明古国，阿拉伯地区占其二。创传于阿拉伯部落的伊斯兰教及其文化，传播到世界五大洲的各个角落，是60多个国家和人民的主要信仰，在全世界200多个国家、超过16亿人口中享有崇高的地位。著名阿拉伯历史学家纳忠先生曾说："伊斯兰国家在国际事务中，正在发挥着越来越大的作用，对阿拉伯—伊斯兰文化的深入研究，已成为世界各国学者日益迫切的课题。我国正处在一个学术文化繁荣的时期，在这方面的研究工作，理应做出无愧于我国国际地位的贡献。"

中国和阿拉伯国家的友好关系源远流长，中国每一次真正意义上的对外开放，都与中阿关系取得突破性进展有紧密的联系。中国和阿拉伯国家面积约占世界陆地面积的1/6，人口占世界总人口的1/4，推动中阿友好合作不断取得新的成果，符合中阿双方的根本利益，也有利于世界和平与发展。2014 年 6 月 5 日，中国国家主席习近平在中阿合作论坛第六届部长级会议开幕式上的讲话中说："回顾中阿人民交往历史，我们就会想起陆上丝绸之路和海上香料之路。我们的祖先在大漠戈壁上'驰命走驿，不绝于时月'，在汪洋大海中'云帆高张，昼夜星驰'，走在了古代世界各民族友好交往的前列。""中阿人民在维护民族尊严、捍卫国家主权的斗争中相互支持，在探索发展道路、实现民族振兴的道路上相互帮助，在深化人文交流、繁荣民族文化的事业中相互借鉴。""经过 10 年发展，论坛已经成为丰富中阿关系战略内涵、推进中阿务实合作的有效抓手。共建'一带一路'是论坛发展的新机遇新起点。抓住这个机遇，才能确保现在的发展不停步，将来的发展可持续。站在这个新起点上，才能获得更大发展空间，才能激发更为持久的发展动力。"中阿合作与交流迎来了千载难逢的黄金期。2016 年 1 月 15 日，在习近平主席出访沙特、埃及、伊朗前夕，中国政府发布《中国对阿拉伯国家政策文件》，这是中阿关系发展史上的里程碑。该文件的发布，不仅显示了中国对中阿关系前所未有的重视程度，更对中阿关系未来发展进行了全面规划，为中阿关系的全面发展和深入合作提供了新动力，必将推动中阿关系再上新台阶。阿拉伯国家和地区是中国"一带一路"合作倡议走出去的核心区域，也是这一得到国际社会响应的倡议起步成功与否的关键区域。目前，中国发起并实施的"一带一路"倡议得到阿拉伯国家和地区的积极响应，这是中国在 21 世纪进一步深化开放布局与实现民族复兴的重大机遇。中阿经贸文化合作与交流有广阔的前景。"一带一路"是系统工程,民心相通是该工程的文化基础。从这个意义上讲,了解阿拉伯国家及其文化就很有必要。

从文化构成来看,22 个阿拉伯国家分布在地中海沿岸,虽属阿拉伯伊斯兰文化圈,但由于受各民族、种族、部落的历史、地理、文化传统及政治、经济、教派等诸多复杂因素影响,文化同中有异,经贸水平参差不齐,各有其特点。从近 10 年中阿文化交流、经贸合作的情况和中阿友好交流的前景来看,进一步增进中阿相互之间的深入了解刻不容缓,中阿民心相通还有许多工作要做。

为了积极主动地发挥文化研究的优势,服务国家"一带一路"倡议,服务对外开放尤其是对"一带一路"核心区域的开放战略,促进中国对外经贸、文化交流事业的发展,为了推动国内对"一带一路"沿线国家的深入了解,不断提升面向阿拉伯国家的友好交流和对外开放水平,推动中国与阿拉伯国家的经贸文化交流,进一步密切彼此的关切和加强相互沟通,宁夏社会科学院回族伊斯兰教研究所(中东伊斯兰国家研究所)本着深化文化交流、增进彼此了解的目的,立足宁夏回族学、中东伊斯兰国家研究的学科优势,整合资源,以宁夏中青年学者为主,通过广泛联系、联合国内主要从事中东研究的机构和高校院所的专家学者,团结协作,共同承担了编写出版"阿拉伯国家经贸文化丛书"的任务。丛书共计 22 册,22 个阿拉伯国家独立成册,每册 10 万字左右。丛书将以阿拉伯 22 个国家的历史、社会发展为线索和背景,图文并茂,采用厚今薄古的方式，全方位介绍当今阿拉伯国家的国情、经贸、文化、中阿交流及其习俗礼仪等各方面知识。突出科学性、知识性、现实性和可读性，为广大读者提供较为系统而全新的22个阿拉伯国家的社会文化知识，为关心并有兴趣的企业家、商人以及从事对外商贸交流的各界人士，提供翔实而可靠的知识信息。过去我们在这方面的研究基础比较薄弱，所以，这套丛书只是国内读者了解阿拉伯文化、阿拉伯国家的一个小小的窗口。今后，随着"一带一路"倡议的深入实施，这方面的成果会越来越多。希望学术界为中阿文化交流，为中阿关系的持续、健康、顺利发展而努力，奉献更多、更好、更深入全面的成果，为中国的和平发展，为世界的和平安定贡献更大的力量。这也是我们不揣浅陋，推出这套丛书的初衷。

主编　马金宝

2017 年 4 月 10 日

目　录

第一章　概况

一　自然地理

（一）地理位置

阿拉伯联合酋长国，简称阿联酋，英文：The United Arab Emirates。阿联酋位于阿拉伯半岛东南端，西北与卡塔尔接壤，西和南与沙特阿拉伯王国交界，北临阿拉伯湾，与伊朗隔海相望，东与阿曼毗邻，海岸线长734公里。阿联酋不仅拥有丰富诱人的自然资源，还靠近海上交通要道霍尔木兹海峡。因此阿联酋就变成了一个令人瞩目的焦点。

历史上，这里曾经历过阿拉伯帝国占领、葡萄牙入侵、英国东印度公司的侵略、英国长期的政治及经济控制，阿联酋独特的地理位置使其拥有丰富多彩的历史。也正是在经历了种种磨难之后走向联合与独立，阿联酋才有了今天文化交融并包、自然风景优美、经济高度发展、人文风情丰富多彩的阿联酋。

（二）行政区划和经济区划

阿拉伯联合酋长国是由七个酋长国（阿布扎比、迪拜、

沙迦、阿治曼、乌姆盖万、哈伊马角和富查伊拉）组成的
联邦国家。全国总面积为 8.36 万平方公里，其中岛屿面积
5900 平方公里，国土面积为 7.77 万平方公里。面积最大的
是阿布扎比酋长国，为 6.7 万平方公里；其次是迪拜酋长
国，面积为 3900 平方公里；再次是沙迦酋长国，2600 平方
公里；阿治曼酋长国仅为 260 平方公里，其余三个酋长国：
哈伊马角酋长国、富查伊拉酋长国和乌姆盖万酋长国的面
积总和不足 3600 平方公里（见下表）。

阿联酋的七个酋长国一览表

名称	面积（平方公里）	人口（万）	领导人
阿布扎比	67340	200	哈利法·本·扎耶德·阿勒纳哈扬
迪拜	3900	200	穆罕默德·本·拉希德·阿勒马克图姆
沙迦	2600	70	苏尔坦·本·穆罕默德·阿尔卡西米
哈伊马角	1684	30	沙特·本·沙克尔·阿勒卡西米
阿治曼	260	30	胡迈德·本·拉希德·阿勒纳伊米
富查伊拉	1116	15	哈马德·本·穆罕默德·阿勒沙尔基
乌姆盖万	800	8	沙特·本·拉希德·穆阿拉

代码 AE。国旗呈横长方形，长与宽之比为 2：1。由
红、绿、白、黑四色组成，这四色是泛阿拉伯颜色，代表
穆罕默德后代的几个王朝。国旗旗面靠旗杆一侧为红色竖
长方形，右侧是三个平行相等的横长方形，自上而下分别

为绿、白、黑三色。红色象征祖国，绿色象征牧场，白色象征祖国的成就，黑色象征战斗。

采珠业曾经是阿联酋的支柱产业，这种状况一直延续到1960年。

自从在阿联酋发现石油以来，原来荒芜的沙漠一下子变成富庶的油田，使国家在经济上发生了巨大的变化。在整个阿联酋的石油储藏量中，阿布扎比酋长国就占了90%以上，而迪拜的石油储藏量相当小。所以，阿布扎比算得上是真正靠石油发家的。迪拜的繁华并不源于石油。10年来，迪拜GDP总值增长了230%，其中，石油收入仅占6%，因为坚信"当第二名会饿死"，迪拜的发展建设是全方位、多元化的。20世纪70年代开运河，80年代发展贸易，90年代推广观光旅游，到了21世纪，这里已经是中东地区的转运中心、观光旅游购物城、科技网络城。旅游经济已成为迪拜主要的经济收入来源之一。此外，阿布扎比的旅游业也相当发达，年平均增长率是15~20个百分点。有商务目的的游客对阿布扎比的饭店业有着相当的重要性。在一些比较重大的会议和贸易博览会期间，这里宾馆的客房使用率可以达到百分之百。21世纪起，阿拉伯联合酋长国发展了民航产业，如阿布扎比王室投资的阿提哈德航空（الإتّحاد，Etihad）与迪拜王室投资的阿联酋航空（الإمارات انطَير，Emirates），在短期内急速发展，共拥有数百架民航机，并发展了以阿布扎比、迪拜为中心的全球航空转运网络，市场占有率在中东首屈一指。

政府在发展石化工业的同时，把发展多样化经济、扩大贸易和增加非石油收入在国内生产总值中的比例作为首要任务，努力发展水泥、炼铝、塑料制品、建筑材料、服装、食品加工等工业，重视发展农、牧、渔业；充分利用各种财源，重点发展文教、卫生事业，继续完成和扩大现有的在建项目。在绿洲大力种植椰枣树、蔬菜、水果。沿海居民主要从事商业、捕渔业和珍珠采集业。部分居民从事游牧，养殖羊和骆驼。

近年来大力发展以信息技术为核心的"新经济"和"知识经济"，同时注重可再生能源研发。首都阿布扎比于2009年6月获选国际可再生能源机构总部所在地。

出口主要有石油，阿联酋是世界重要石油出口国之一。此外还有珍珠、鱼干。进口主要是粮食等。主要经济数据（2006年）：国内生产总值（GDP）1622亿美元，人均GDP 3.6万美元，GDP增长率10%，通货膨胀率6%，汇率1美元=3.66迪拉姆，外汇储备250亿美元。

工业以石油化工业为主。此外还有天然气液化、炼铝、塑料制品、建筑材料、服装和食品加工等。工业项目从业人数中，阿联酋人仅占1%。因此，政府着手实施"就业本国化"计划，力图增加本国人的就业比例。

农业不发达。阿联酋农业、畜牧业和林业的产值占国内生产总值的2.4%。全国可耕地面积32万公顷，已耕地面积27万公顷。主要农产品有椰枣、玉米、蔬菜、柠檬等。粮食依赖进口。目前，阿联酋有捕鱼船5191只，渔民17264人。渔产品和椰枣可满足国内需求。畜牧业规模很小，主要肉类产品依赖进口。近年来，政府采取鼓励务农的政策，向农民免费提供种子、化肥和无息贷款，并对全部农产品实行包购包销，以确保农民的收入，由此农业得到一定发展。

阿联酋银行业发达，现有本国银行 23 家，外国银行 28 家。外汇不受限制，货币自由入出境，汇率稳定。联邦政府财政收入来自各酋长国的石油或贸易收入。

1995 年，阿联酋加入世界贸易组织。阿联酋与 179 个国家和地区有贸易关系。外贸在其经济中占有重要位置。阿主要出口石油、天然气、石油化工产品、铝锭和少量土特产品；主要进口粮食、机械和消费品。2006 年，阿联酋对外贸易持续顺差，对外贸易总额 2240 亿美元，其中进口 836 亿美元，出口 1404 亿美元。

1971 年 7 月，阿布扎比阿拉伯经济发展基金会（1993 年 11 月更名为阿布扎比发展基金会）成立，以贷款、赠款和技术援助等方式向阿拉伯国家和亚洲、非洲的发展中国家提供援助。2002 年 1 月，阿联酋宣布将提供 3000 万美元用于阿富汗战后重建。2000 年迄今，阿联酋红新月会对巴勒斯坦的援助资金已达 3600 万美元。2003 年 10 月，阿在西班牙马德里援伊大会上宣布向伊拉克提供 2.25 亿美元的人道主义援助。

2012 年，阿联酋人均 GDP 4.4 万美元，人均收入居世界前列。阿联酋对本国公民实行免费医疗制度，共有 30 家公立医院，115 个保健中心，4473 个床位，2350 名医生，380 名牙医，6250 名护士，另有 20 家私立医院。

阿联酋的当地货币为迪尔汗，又称迪拉姆（Dirham），

1 个迪拉姆等于 100 菲尔（Fils）。

（三）气候

阿联酋处于西亚北非的干热地带，属热带沙漠气候。受印度洋气候影响，夏季（5~10 月）酷热潮湿，气温可高达 45 摄氏度以上（最热的 7 月可达 50 摄氏度），相对湿度达 100%，局部沙漠地区有小沙暴。11 月至次年 4 月为冬季，气温不低于 7 摄氏度。12 月至 2 月为雨季，全年降雨稀少，年均不足 100 毫米。山区和丘陵地区气候温和，东部山区较为凉爽干燥。

二 自然资源

（一）水资源

阿联酋水资源的供应有两个来源，即地下水及淡化海水，两种生产方式都有一定的局限性。淡化海水成本较高，每吨淡化水成本为 5 迪拉姆，约合 1.37 美元。地下水资源量有限，且地下水依赖降雨量来补充，但阿联酋的降雨量极少且不稳定。年平均降水量仅为 42 毫米，因而地下水资源非常有限。阿联酋大部分淡化海水产于阿布扎比酋长国，占全部水资源生产量的一半，主要原因是阿布扎比具备充足的天然气资源，且其农业生产不断提高。

阿联酋对水资源的需求远远高于对人口增长的需求，即使人口不再增长，但由于旅游及过境人口的增加，也会使水资源的消费大量增加。这意味着其需要不断扩大水的生产量。但是，水属于生产成本较高的产品。目前，海湾地区的海水脱盐处理项目占世界的 50%，今后海湾地区对海水淡化项目的投资还将进一步增加。

（二）植物资源

从阿联酋首都阿布扎比驱车前往内地城市艾因，放眼望去，高速公路两旁绿树成荫。在这条宽达数百米的绿化带上，种植了品种繁多的观赏树和硕果累累的椰枣树。阿联酋除艾因、利瓦和哈塔等少数几个绿洲外，全国97%以上的土地均被荒漠或盐碱地覆盖。自20世纪中叶在阿联酋发现石油，特别是20世纪70年代阿联酋建国以来，阿联酋人开始利用现代科技防沙治沙，改善周边的生态环境，以实现经济社会的可持续发展。阿联酋的防沙治沙工作首先从城市和主要交通干线的绿化工作展开。在绿化树木品种的选择上，阿联酋因地制宜，选择一些耐干旱耐高温的树种。

（三）野生动物资源

从一些酋长国的名称中可以看出当地自古以来动物种类的情况。例如，阿布扎比一词的意思是"羚羊之父"，指该酋长国自古就是羚羊聚居地带。迪拜的意思是"熊屯"，传说这里曾是熊的出没地。阿联酋的动物品种主要有单峰骆驼、阿拉伯马匹、野牛、羚羊和熊等。海湾拥有很丰富的渔业资源。阿联酋沿海居民，自古以来靠捕鱼、采集珍珠和从事海运为生。阿联酋是一个爱鸟的国家。收录记载的鸟类多达169种。面积达220平方公里的锡尔·巴尼亚斯岛已被辟为中东最大的自然保护区，保护着不少濒临灭绝的珍稀鸟类和动物。主要鸟类有野雁、鹰猎隼、红鹤、非洲鸵鸟、乌鸡、松鸡等 86 种。

（四）矿产资源

阿联酋所在的海湾地区石油储藏油层较厚，埋藏不深，地层较一致，油层驱动力较大，大多属自喷井，单产量高，所以采油成本较低。

阿联酋已探明的石油储藏量约为 130 亿吨，约占世界总储藏量的 9.5%，是世界第五大石油储量国。天然气储量也很丰富，约有 6.06 万亿立方米，居世界第五位。其他矿产主要有锰矿、铜矿、铬矿、石膏矿、云母矿和岩盐。

三 人口与语言

（一）人口

2013 年，阿联酋国家统计局估算人口为 840 万，其中外籍人占 88.5%，主要来自印度、巴基斯坦、埃及、叙利亚、巴勒斯坦等国。阿联酋的人口以青年为主，其中 81.9% 为 15~59 岁，大约 16.8% 为 14 岁以下，1.3% 为 60 岁及 60 岁以上。人口性别以男性为主，约有 600 多万，女性为 200 多万。有研究表明，GDP 增长与 15~64 岁人口的比例存在正相关性。阿联酋是最早理解这一特点的国家之一，所以阿联酋制定了一系列政策，为所有的青年人提供教育和技术培训。

阿联酋年均人口增长趋势强劲。在海合会国家中，阿联酋人口排名第二，且大部分为城镇居民。人口主要分布在阿联酋最大的三个酋长国中：阿布扎比、迪拜和沙迦。如此高的城镇化率促使阿联酋政府专注于房屋建设、高效的公共交通服务和可靠的通信网络建设。此外，高城镇化率也促使国家不断改善商务环境，创造更多具有国际竞争力的服务机构。

自 1971 年宣布建国以来，强势的经济发展加上本身具有的社会开放观念和良好的商业政策，阿联酋一直吸引着世界各地渴求成功的人们，参与该国的复兴和建设，这种吸引力导致国家的人口呈几何倍数增长，从 1975 年的 68 万人增长到 2010 年的 826 万人。

尽管近年来经济有所下滑，但阿联酋的人口仍然保持逐年增长的态势，人口年增长率达 3.69%，其人口增长率2009 年位居世界第一位。在所有海合会国家中，阿联酋的人口占第二位，且大部分为城市人口。较高的城市人口率促使该国特别关注房屋建设，并努力提供有效的公共服务、良好的交通系统和可靠的电信网络。此外，基于城市化水平高的特点，阿联酋还大力提高商务经营环境，发展服务业。阿联酋的服务业在全球都具有竞争力。

（二）语言

阿拉伯语为官方语言，通用英语。阿联酋人使用的语言属闪语。在基督纪年之初，阿拉伯语主要在阿拉伯半岛使用。当地居民都说阿拉伯语，并使用正规的阿拉伯文。随着阿拉伯半岛居民的迁徙，特别是 7 世纪时伊斯兰教的传播和阿拉伯人的对外征服，阿拉伯语开始在两河流域以及北非也成为主要语言，影响不断扩大，成为整个阿拉伯民族的母语。因海湾地区被英国殖民统治了近百年，英语在这里也成为比较通用的外语。

四　历史沿革

阿拉伯联合酋长国的历史可追溯至 6 世纪，按照波斯史籍的记载，萨桑王朝越过波斯湾征服了该地区。7 世纪，阿拉伯帝国占领了这一地区，并使这里的人民皈依伊斯兰教。8 世纪，阿曼爆发对反哈里发政权的起义，建立了独立政权，现今阿联酋成为其一部分。

16 世纪，葡萄牙一度侵入该地区，后被阿曼逐出。18 世纪，阿曼屡次发生内乱，阿联酋地区各地方首领自命埃米尔，成为一个个独立的政权。当时，不论是阿拉伯人的商船，还是欧洲的商船，均屡遭该地区各小国的劫掠，因此该地区被称为"海盗海岸"。1819 年，英国东印度公司派遣舰队摧毁了哈伊马角、沙迦、迪拜等地的海岸要塞，以保障印度至埃及的航线通畅。1820 年，各小国被迫与英国签订《波斯湾总和平条约》，同意停止海盗行为。但是，实际上的劫掠行为直到 1835 年后方才逐渐停息。1853 年，各小国最终签署条约，宣布永久休战，此后，该地区被称为"特鲁西尔阿曼"（意为"和平的阿曼"），以与建都马斯喀特的阿曼相区别。

1892 年，"特鲁西尔阿曼"各国同英国签订条约，接受英国的独家保护，不与英国以外的任何国家发生独立的外交往来，外交归属英国驻波斯湾总代表节制。1948 年，英国向该地区派出专门官员，驻在沙迦，1953 年迁居迪拜。1952 年，英国召集当地七个酋长国埃米尔参加的会议，该会议遂成为英国政治代表的咨询机构。

1958 年，阿布扎比地区发现石油，1961 年，英国专门在阿布扎比派驻一名政治代表，次年油田正式开发，石油成为当地的经济支柱。1968 年 1 月，英国宣布撤军，2 月，巴林、卡塔尔、阿布扎比、沙迦、迪拜、哈伊马角、阿治曼、富查伊拉、乌姆盖万九国埃米尔在迪拜举行会议，同意建立阿拉伯联合酋长国，后因种种原因，巴林和卡塔尔先后退出。哈伊马角也未同意加入。

1971 年 7 月，在迪拜会议上，其余六国制定了临时宪法，决定建立阿联酋，以阿布扎比为临时首都。同年 12 月 2 日，阿联酋宣布成立。次年 2 月，哈伊马角加入阿联酋。1996 年，临时宪法被通过为永久宪法，阿布扎比也成为正式的首都。2004 年 11 月 2 日，阿联酋首任总统、阿布扎比埃米尔扎耶德·本·苏尔坦·阿勒纳哈扬去世。11 月 3 日，其子哈利法·本·扎耶德·阿勒纳哈扬被选为新一任总统。2005 年，总统哈利法宣布，联邦国民议会中的一半议员将通过选举产生，另一半仍通过任命产生。2006 年 12 月 16 日，开始联邦国民议会的选举投票，这是阿联酋历史上第一次通过选举产生联邦国民议会的部分议员。

五 政治制度

（一）国体

1971 年 12 月 2 日阿联酋建国标志着阿联酋独立自主进行国家现代化建设的开端，建立民族独立国家是迈出了政治现代化的第一步。阿联酋是以伊斯兰教为国教、由七个酋长国组成的松散的联邦制国家。各酋长国实行家族世袭式的统治制度，大权集中在王室家族手中。他们通过政治、经济以及血缘、婚姻关系，构成国家的上层统治集团。在联邦建立之初，各酋长国之间政治竞争十分激烈，尤其是阿布扎比和迪拜之间。阿联酋不允许任何政党和政治组织存在。

阿联酋的国家政治制度，一方面，保留了各酋长国的部落家族统治，使各酋长国具有相对的独立性，在政治、经济、对外关系方面拥有一定自主权；另一方面，它又根据西方国家政治制度的模式，在联合的大框架内，上设国家总统，下由内阁、议会行使国家权力。阿联酋临时宪法指出，这样做是为了"创造一种高尚而自由的法治生活"，是"有步骤地朝着建立一个完整的、代议制的民主政体前进"。因此，从形式上看，阿联酋既不是单一的酋长制国家，也不是单一的君主立宪制国家，又不是单一的总统内阁制国家。

阿联酋联邦最高酋长院由七个酋长国的酋长及当地世袭贵族和富商组成，是国家的最高权力机构。国内外重大政策问题均由最高酋长院讨论决定，并由其制定国家政策，审核联邦预算，批准法律与条约。阿联酋最高酋长院最高长官从酋长院成员中选举产生，任期 5 年。阿联酋最高酋长院最高长官同时兼任武装部队总司令。阿联酋联邦最高委员会由七个酋长国的酋长组成，选举产生总统和副总统。最高委员会选举内阁议会来管理国家。40 名从各个部落来的成员组成联邦国民议会，负责复审被提议的法案。因此，阿联酋并没有政党存在的空间。除外交和国防相对统一外，各酋长国拥有相当的独立性和自主权。联邦经费基本上由阿布扎比和迪拜两个酋长国承担。

阿联酋政局稳定，对内积极推动经济发展和国家现代化建设；对外交往活跃，注重加强与海湾地区国家及各大国的关系，在地区和国际事务中发挥着独特作用。

（二）宪法

1971 年 7 月 18 日，联邦最高委员会通过临时宪法，并于同年 12 月 3 日宣布临时宪法生效。1996 年 12 月，联邦最高委员会通过决议，把持续了 25 年的临时宪法变成永久宪法，并确定阿布扎比为阿联酋永久首都，允许宪法审议委员会将工作延长 1 年，对永久宪法提出补充修改意见。

（三）联邦国民议会

联邦国民议会成立于 1972 年，是咨询机构，负责讨论内阁会议提出的法案，并提出修改建议。2006 年 8 月，阿联酋颁布新的议会选举法，规定联邦国民议会议员为 40 名，其中 20 名由各酋长国酋长提名、总统任命，其余 20 名由间接选举产生。各酋长国的名额分配如下：阿布扎比和迪拜各 8 名，沙迦和哈伊马角各 6 名，阿治曼、乌姆盖万和富查伊拉各 4 名。各酋长国有权决定选举代表该酋长国议员的方式，议员从第一次开会起任期 2 年，称为立法期限。同年 11 月举行国民议会选举，这被视为阿联酋在民主改革道路上迈出的重要一步。联邦国民议会的召开和解散通过联邦总统发布的法令进行。如果议会在立法期间直到 11 月的第三个星期前都没有召开年会，规定必须在 11 月 21 日召开年会，联邦国民议会的第一次会议在 1972 年 2 月 13 日召开。

（四）联邦国民议会的职责

立法：联邦国民议会在制定法律过程中发挥作用。根据联邦国民议会的规定，内阁首先向联邦国民议会提交议案，包括法律草案和国家预算，议员讨论后进行投票，有权通过或修正或否决它。

监督：联邦国民议会通过对部长和其他行政权力部门的官员提出质询，实现对行政权力部门的监督。讨论行政权力部门制定的政策，要求行政部门做出解释和说明，同时与其交换意见并提出建议。

另外司法、伊斯兰事务和宗教基金部也起草一些法律草案。联邦国民议会是宪法规定的五个联邦权力机构之一，宪法规定的五个联邦权力机构分别是总统、副总统、内阁、联邦国民议会和联邦法院。

根据宪法，联邦总统为联邦国民议会的例行年会举办开幕式，并发表演说，内容涉及过去一年中国家的状况、重大事件和事务以及政府决定进行的项目和改革等内容。联邦国民议会从它的成员中选出部分成员组成一个委员会，针对总统在开幕演说中提到的对联邦国民议会的建议和希望制订计划草案，在联邦国民议会通过后由国民议会提交给联邦总统。

联邦国民议会在政府事务中发挥着立法和监督的作用。联邦国民议会于1972年颁布了内部条例，并于1977年对其进行了修正。阿联酋联邦国民议会于1975年加入阿拉伯议会联盟，1989年在阿布扎比召开了阿拉伯议会联盟第5次会议和第19次委员会。1977年，阿联酋联邦国民议会加入国际议会联盟。另外，联邦国民议会还多次参加阿拉伯—非洲对话会议和阿拉伯—欧洲对话会议。

阿联酋对外奉行中立、睦邻友好和不结盟的外交政策。主张通过和平协商解决争端，维护世界和平。在加强同美国等西方国家关系的同时，重视发展与阿拉伯等第三世界国家关系。主张加强海湾合作委员会国家的团结与合作。至今阿联酋已同146个国家建立了外交关系。

（五）联邦总统

联邦总统为国家元首，由联邦最高委员会从其成员中选出。宪法规定，联邦副总统在总统因故缺席时行使总统权力。总统、副总统任期5年。如总统或副总统逝世或辞职，其职务空缺将由联邦最高委员会在其逝世或辞职后一个月内召开会议，选出继任人。总统的主要职责是：担任最高委员会主席，召集联邦最高委员会会议，必要时可以召集联邦最高委员会和联邦内阁联席会议，批准组阁并任命联邦总理、内阁部长以及驻外使节，行使大赦、减免刑期、核准死刑等权力。总统还有权签署、颁布联邦最高委员会通过的联邦法律、法令以及决议，对外代表联邦履行国家元首的职责。

（六）联邦政府

联邦政府是阿联酋最高行政机构，由总理、副总理及各部部长组成。宪法规定设立联邦政府并向总统和联邦最高委员会负责。联邦政府的主要职责有：实施联邦内外政策，制订联邦总预算草案和各项决议草案，落实联邦法院判决、联邦决议、国际条约和协定等。建国初期，联邦政府中各部长的名额按照各酋长国政治影响、经济实力大小的原则进行分配。后来名额分配的原则改为任人唯贤，取消了名额分配制。阿布扎比和迪拜的王室成员在联邦政府中占据了主要职位，重要部门的部长职位均把持在王室家族的手中。重要的权力如总统、几位副总理、内政部部长、总统事务部部长、外交部部长均为阿布扎比酋长国的王室成员获得，而且均是哈利法总统的同父异母兄弟。副总统、总理、国防部部长、联邦财政部部长由迪拜酋长国把持。外贸部部长为沙迦人（女性）。

（七）联邦最高法院

联邦最高法院是阿联酋的最高司法机构。最高法院由院长和大法官组成，总数不超过 5 名，均由联邦司法最高理事会批准后由总统颁布法令任命。最高法院的判决为终审判决，对所有公民具有约束力。最高法院的职能主要有解释宪法条文，对损害国家独立、统一和领土安全，以及泄露国家机密、建立反国家和叛国组织等有损国家利益和民族利益的行为进行审理，对部长及其他联邦高官的履职情况进行质询，研究阿联酋联邦法律和各酋长国以及所有法律和条例的宪法依据等。各酋长国除迪拜外均设有联邦初级法院，迪拜的司法体制独立于联邦司法体制之外。

（八）政治体制

1. 政治

阿联酋阿拉伯联合酋长国是由七个酋长国组成的联邦制国家。1971 年 12 月 2 日，阿拉伯联合酋长国宣告成立。它是当今世界上唯一一个以酋长国名称参加联合国组织的国家。联邦设立最高的立法、行政和司法机构，拥有最高权力，但除国防和外交相对统一外，各酋长国政府仍保持着相对的独立性，在行政、经济、司法等方面均享有相当程度的自主权。根据宪法规定，联邦政府不得干预各酋长国的内部事务。各个酋长国都设有行政机构，保留了家族统治的方式，酋长也称谢赫，拥有绝对的权力，并设立王储，酋长的继承人由家族委员会或长老会议推选，实际上为世袭。

联邦总统是阿联酋国家元首，是最高行政首脑，由联邦最高委员会从其组成成员中选举产生，同时总统还是国家的宗教精神领袖，阿联酋以伊斯兰教为国教。联邦政府也称部长委员会或内阁，由联邦最高委员会决定、总统任命组建，是阿联酋的中央权力执行机构，由总理、副总理和各部部长组成。阿联酋在积极发展本国经济的同时，十分重视加强同各国的友好往来，在国际关系中奉行中立不结盟政策，赢得国际上的广泛支持。

阿联酋在独立以前的"特鲁西尔"时期，受制于殖民主义统治，并无统一的国家管理制度和机构。英国除通过其驻阿布扎比的政治代表对这一地区进行监督和统治外，还派有顾问和石油专家，在各酋长国宫廷内部加以控制。为了对该地区实行有效的控制，英国组成一支由英国军官指挥的特鲁西尔阿曼监察部队，直到20世纪50年代初，特鲁西尔各国统治者才开始建立象征共同管理各酋长国事务的"特鲁西尔各国理事会"，每年召开会议1~2次。20世纪50年代的阿布扎比，除酋长的白色宫殿外，只有一些用棕榈树叶盖成的茅屋，并只有一个小小的商场。总之，在 20 世纪 60 年代以前，落后的、封建的部落酋长制的生产关系在这一地区占统治地位。除迪拜开始引进现代商业和先进的行政管理技能外，原始的、传统的生活方式，在这一地区基本上没有得到改变。只是随着石油被发现，才使该地区的社会经济生活发生新的变化。

在七个酋长国中，除阿治曼、乌姆盖万资源贫乏，哈伊马角、富查伊拉以农、牧业为主外，阿布扎比在其陆地和海底发现大量石油，随着石油的大量开采和输出，它在 20 世纪 60 年代即已成为世界上按人口平均收入最高的国家。若干世纪以来，迪拜就是海湾地区一个传统的阿拉伯型货物集散中心，素有"海湾威尼斯"之称。这里最先出现商人阶层，因而富有先进的行政管理经验。而从发现石油并得到开采以后，不仅现代化建设在这里随处可见，而且现代化企业的经营管理也日臻完善。沙迦在 20 世纪 30 年代就已成为飞往印度和东亚地区的航空中转站，从 1972 年起，它成为阿联酋排位第三的石油酋长国。

2. 阿联酋国家政治制度特点

第一，在联邦政府统一领导下，各酋长拥有较多的独立性和自主权。阿联酋由七个酋长国联合组成，这七个酋长国自然条件、经济地位、政治实力各不相同，因此，联邦政府与各成员酋长国之间的关系，无论从内政、外交，还是在国防方面，既有联邦政府的集中统一，也允许各酋长国拥有较多的独立性和自主权。第二，各成员酋长国首领组成联邦政府。部落家族统治与国家政权紧密结合，国家政权的统治实际上是部落家族的统治，部落家族在国家政权中起着明显的领导作用。阿联酋社会由封建部落和家族组成。七个成员酋长国共有六个主要部落集团。在联邦中央一级，由各成员酋长国首领担任总统、副总统和联邦最高委员会成员，实行行政、立法、司法三权分立的政治体制。第三，政教合一的国家。阿联酋是伊斯兰国家，宪法规定伊斯兰教为国教，国家元首由穆斯林担任，伊斯兰教法为立法的依据。

国家政权与宗教相结合，极大地影响着国家社会、政治和经济的发展。阿拉伯半岛是伊斯兰教发源地。若干世纪以来，伊斯兰教不仅作为一种宗教，而且作为一种伦理道德和思想体系，广泛地、深入地影响着阿拉伯穆斯林的各个方面。随着社会的进步和现代化，深深打上宗教烙印的阿联酋政治制度，目前也开始逐渐朝着世俗化的方向发展。

（九）对重大问题的立场

关于联合国改革：支持联合国包括安理会在内的全方位改革，主张在安理会中应增加伊斯兰国家（阿拉伯国家）的代表，强调改革方案应由各成员国充分协商，取得共识；不同意为改革设定时限和强行推动表决。

关于海湾地区安全：积极致力于海湾地区的安全与稳定，主张加强海湾合作委员会六国的团结与协调，积极推动六国经济一体化合作进程；呼吁海湾地区各国在平等互利、互不干涉内政的基础上，通过对话，和平解决彼此间的分歧，共同维护海湾地区的安全与稳定。

关于中东问题：支持巴勒斯坦人民为恢复合法民族权利和建立独立的巴勒斯坦国所做的斗争，承认巴勒斯坦国，支持中东和平进程；呼吁国际社会敦促以色列遵守"中东和平路线图"，恢复与巴方的和谈。

关于伊拉克问题：主张维护伊的主权和领土完整，呼吁尽快结束外国对伊占领，恢复伊的稳定；认为联合国应在伊重建过程中发挥主要作用；伊战期间和战后，阿向伊提供了大量人道主义援助，并与德国合作，为伊培训军队和警察人员。

关于海湾"三岛"问题：主张通过与伊朗直接谈判或由国际法庭仲裁，以和平方式结束伊朗对大通布岛、小通布岛及阿布穆萨岛的占领，要求阿拉伯和一些友好国家支持阿联酋对"三岛"的主权。

与中国关系：1984年11月1日，中阿两国建立外交关系；建交以来，两国关系发展顺利，高层和各级别人员互访不断，双方在各领域的友好合作不断深化；阿联酋是中国在阿拉伯世界最大的出口市场；2011年前11个月双边贸易额达319亿美元；两国在基础设施建设、金融、人文等领域的合作内涵不断丰富。

（十）政要

哈利法·本·扎耶德·阿勒纳哈扬，阿联酋最高酋长院最高长官，生于1948年。1969年2月1日被立为阿布扎比王储。曾任阿布扎比酋长国东部代表、东部地区法院院长、阿布扎比酋长国国防、财政局局长和联邦政府副总理等职。1976年5月，任联邦武装部队副总司令，兼任阿布扎比酋长国执委会（内阁）主席、最高石油委员会主席、投资局董事会董事长、阿拉伯经济发展基金会董事长。2004年11月3日当选联邦最高酋长院最高长官。

穆罕默德·本·拉希德·阿勒马克图姆，总理、国防部部长。1948年生。1990年起任国防部部长，1995年被任命为迪拜王储。2006年1月，穆就任阿联酋总理、迪拜酋长。

（十一）军事

1976年5月10日，联邦最高委员会决定统一各酋长国的军队，设立武装力量总司令部，联邦总统任武装力量总司令。实行志愿兵役制，总兵力为5.15万人。其中，陆军约4.5万人，编制为一个王室警卫旅、一个装甲旅、两个机械化步兵旅、四个步兵旅和一个炮兵旅。海军2500人，各类作战舰只21艘，主要基地在阿布扎比。空军4000人（含警察部队的航空联队），编制有四个作战中队，作战飞机196架，武装直升机50架。另有警察5.4万名。武器装备主要来源于法国、美国，是海湾国家中唯一以法式装备为主的国家。武装部队的兵源30%来自本国，其余主要为阿曼、巴基斯坦等国人，教官多为英国和巴基斯坦人。

1. 国防体制

联邦最高委员会决定，联邦总统兼任武装力量最高统帅。最高军事决策机构是"武装力量总司令部"。最高军事行政机关是国防部。武装力量由正规军和准军事部队组成。正规军分陆、海、空三个军种。联邦总统通过武装力量总司令部、国防部和陆、海、空三军来领导和指挥全军。

2. 军事指挥领导人物

联邦总统兼武装力量总司令哈利法·本·扎耶德·阿勒纳哈扬，国防部部长穆罕默德·本·拉希德·阿勒马克图姆上将，武装力量参谋长穆罕默德·本·扎耶德·阿勒纳哈扬。2011 年 9 月举行第十五届国民议会选举，11 月选举穆罕默德·艾哈迈德·莫尔担任议长。

六　经济发展

（一）概述

阿联酋属于热带沙漠气候，境内西部和内陆的绝大部分地区是沙漠，东部地区分布着一些绿洲，气候干旱少雨，境内无常流河，可耕地少，发展农业条件差。早期的特鲁西尔诸国经济和社会发展缓慢，主要以航运、贸易、捕鱼和采珠业为生，人民的生活极为简单、传统。其航运业很发达，船只多往来于伊朗、伊拉克和其他海湾国家，并远渡印度洋，穿梭于印度和非洲港口。在阿拔斯王朝时期，这里的船只甚至到达过马来西亚的黄金半岛和中国。"特鲁西尔阿曼"地区的阿拉伯民族与波斯人、俾路支人、巴基斯坦人、印度人和非洲人的交往历史悠久，为不同民族、文明之间的交往和东西方商品的交换做出了重要的贡献。伴随着航运业的发展，贸易也繁荣起来，东西方的商品在此交汇。过去沿海城镇的居民主要靠采集珍珠为生，采珠业、渔业和贸易成为海湾诸国的经济基础。"特鲁西尔阿曼"地区的珍珠出口到印度和欧洲。统治者向从本国出发采珠的船只按其大小课税，从中获得丰厚的利润，采珠人只能拿到很少的利润。20 世纪 50 年代后，每年只有很少的船只出海采珠，沿海居民主要靠做转口贸易和渔业为生。

除了沿海地区居民外，"特鲁西尔阿曼"地区东部的山区和西部的沙漠分别居住着另外两类阿拉伯人："哈德尔"人居住在东部山区和绿洲的城镇，以农耕为主要生活方式，过定居的生活，除了种植椰枣树外，他们也种植小麦、大麦、水果和蔬菜，水源来自井水、溪流或者地下水渠"法拉吉"；另一类人被称为"贝都因"人，他们是沙漠中的游牧民，靠养殖骆驼、绵羊、山羊为生，逐水草而居。"特鲁西尔阿曼"地区居民的历史可追溯到上古时代的原始部落。

自从在阿联酋发现石油后，阿联酋经历了从一个贫穷荒芜的小国到具有较高生活水平的现代化国家的深刻转变。石油开发后，油气资源丰富的阿布扎比、迪拜等酋长国非常富裕，经济现代化飞速发展。从"特鲁西尔阿曼"到阿联酋建国，这七个酋长国的经济发展状况各不相同，因为各酋长国所拥有的资源和资金情况差别大，如今，各酋长国现代化发展的情况也各不相同。

从 1971 年独立之日起，阿联酋就采取了双向发展本国经济的措施，七个酋长国的联合发展和单个酋长国的个体发展作为经济发展的主要动力，促进了阿联酋经济的整体稳定发展。阿联酋的非石油经济实体发展繁荣，为阿联酋本国的 GDP 和国有资产的发展贡献了极大的力量。2011年，阿联酋 GDP 总额是 3386 亿美元，其中非石油贸易总额达到 2525 亿美元，占 GDP 总额的 75%。根据最新出炉的世界经济自由度排行榜，阿联酋在经济自由度方面居阿拉伯国家第一位，世界第十一位。由加拿大公共政策智库弗雷泽研究所发布的最新年度报告称，阿联酋在 10 分为满分的评估中得分 7.84 分，领先于排名第 12 位的英国和排名第 18 位的美国。

2012 年，在全球竞争力报告中，阿联酋排名居全球第二十三位，在创新型经济体排行中，位列阿拉伯国家第一位。过去的 40 年中，得益于阿联酋各酋长国所做的贡献，在强有力的国家经济政策的支持下，阿联酋成为世界经济重要的组成部分和负责任的贡献者。

阿联酋实施了积极的多元化战略，各酋长国以及各部门制订的很多计划清晰地反映了这一点，这其中包括阿联酋外贸部。

阿联酋境内除拥有丰富的石油和天然气外，其他资源比较贫乏。建国以前，阿联酋经济落后，人民仅靠手工业、渔牧业和珍珠采集业维持生活。然而，经过 30 多年的努力，阿联酋经济取得了令人瞩目的成就，现已跻身于世界富国之列，成为中东地区最发达的国家之一。

阿联酋的社会、政治稳定造就了其在中东地区的经济地位。

1. 稳定的社会秩序

阿联酋的治安环境良好。阿联酋是伊斯兰国家，居民以穆斯林为主，信奉伊斯兰教，宗教文化底蕴浓厚，《古兰经》是穆斯林生活的准则。《古兰经》规定禁酒，对偷窃行为的处置也十分严厉，有"左（右）手偷东西砍左（右）手"的说法。此外，客观上，阿联酋人十分富足，人们享受着高福利的国民待遇，因此，阿联酋社会稳定，治安良好。同时，阿拉伯民族天性胸怀开阔，能够以宽容的态度尊重大量外来移民的生活方式。

2. 稳定的政治状况

在历史上由于种族和宗教等原因，阿拉伯国家长期以来战火不断，骚乱不止，如伊朗与伊拉克、伊拉克与科威特、巴勒斯坦与以色列的战争等，黎巴嫩内部派别之争激烈，利比亚、苏丹等国与美国等发达国家也有摩擦，不间断的战乱阻碍了这些国家的经济发展。而阿联酋自建国以来一直保持了政治、经济和社会环境的高度稳定，专心致力于国内基础设施建设和经济发展。

（二）经济结构

1. 传统行业

石油、天然气、化工行业仍是阿联酋重点发展的行业。随着世界石油资源的日渐枯竭，到 2020 年时，只有 6 个欧佩克国家可以满足世界市场对石油需求的增加，它们是沙特、伊拉克、伊朗、科威特、阿联酋和委内瑞拉。在新的经济能源未被大规模开发出来之前，石油、天然气仍将是阿联酋的主要创汇来源之一。所以，阿联酋在有关能源开采、提炼、储运领域的投资始终没有停止过。

阿联酋经济发展的重要支柱是石油产业和巨额石油收入。阿联酋石油资源极为丰富，目前阿联酋已探明的石油储量为 921.6 亿桶，居世界第三位，仅次于沙特和伊拉克。全国七个酋长国中，阿布扎比、沙迦、迪拜和哈伊马角均产石油。如以 1995 年平均日产原油 219 万桶的开采速度计算，阿联酋的石油储量约可开采125年，这一可供开采年份大大超过了世界平均值。阿联酋石油是含硫和蜡比重低、黏度小的优质轻油，主要集中在储量丰富的大型油田区，具有油层厚、埋藏浅和易开采等特点。

阿联酋作为海湾地区第二大石油和天然气供应国，也是世界上第六大石油储备国家。已探明的石油储备量可达978亿桶，其中95%的石油储备分布在其首都阿布扎比。2010年，阿联酋出产石油28.5亿桶，较2009年上升3.5个百分点，其国内消费保持682000桶/天。同样，在2010年阿联酋的天然气产量也达到510亿立方米，其国内消费量达605亿立方米，远超出了其天然气的产量，使其成为天然气的进口国。同时，阿联酋国内对电力、淡化水及持续增长的石化产品的需求都导致阿联酋天然气内需的增长。

阿布扎比作为阿联酋的石油燃料之都，近85%的石油出口和95%的石油储备都在此，同时也面临着与沙特相同的挑战，即希望将石油储备尽量多地用于出口，同时又要平衡本国基础设施建设对油气燃料的需求。

阿联酋自20世纪60年代开始石油钻探和开采，但当时的石油开采权基本被外国公司所垄断。1971年建国后，政府成立了阿联酋石油总公司，逐步对外国石油公司实行参股和国有化，同时规划管辖国家石油的开采、提炼和销售。70年代，国际原油价格节节上涨，阿联酋的石油产业获得了飞速发展。至80年代初，原油日产量达到了190万桶，石油出口占全国出口总额的95%，石油收入占国民总收入的85%。石油收入的大量增加带动了阿联酋经济的高速增长，同时又为石油产业的全面、持续发展创造了条件。

20 世纪 80 年代后半期，世界石油市场供过于求，导致石油减产，油价下跌，阿联酋的石油收入锐减。1986 年石油收入比 80 年代初下降了 70%。油价下跌所造成的损失，对阿联酋的收支平衡和经济建设具有直接影响，如果不及时调整政策，就适应不了形势的变化。所以，从 80 年代下半期起，阿联酋与欧佩克的其他海湾成员国一起调整石油政策，从削减产量、维护价格的政策，转变为既维护市场份额又维护石油价格的政策。这一政策的实施，使油价出现了较大幅度的反弹，阿联酋的石油产量因此大幅度回升，石油收入明显增加。1989 年，石油出口值的剧增使阿联酋的国内生产总值比 1986 年增加了 16%。与此同时，为增强对石油市场波动的适应能力，阿联酋对石油产业结构和经营体制进行了全面调整，以改变阿联酋长期以来存在的只开采原油的单一生产模式，建立起包括产、运、炼、销在内的完整的石化工业体系。如今，石化工业已成为阿联酋最兴旺和最具发展潜力的产业。

2. 现代化工业的建立与发展

由于石油是非再生资源，开采和使用期有限，尤其是经过国际石油市场价格的反复波动后，阿联酋政府逐步认识到了单一石油经济的弊病，决心利用现有的石油资源，加强经济多样化的发展，力争在石油枯竭前建立起完整的经济发展体系。在实施经济多样化的过程中，阿联酋政府非常重视非石油工业的建立和发展。

阿联酋工业化成就的另一突出标志是，非石油工业产值在国民生产总值中的比例明显上升，石油生产的实际增长率逐步下降。阿联酋的经济结构在向合理化、均衡化方向转化。

阿联酋的工业化将向更深层次发展，其目标是实现高科技化、整体化和全民化，逐步与国际社会接轨。据阿联酋经贸部部长在第三届海湾经济团体投资讨论会上的发言，阿联酋今后五年的工业发展战略是：建设一批高附加值和资本密集型的工业企业，促进工业增长，增强工业部门在国民经济中的作用；协调各酋长国工业部门的整体发展，加强工业部门的协调与合作：促进企业私有化进程，加强职工培训，更新知识。为实现这一目标，阿联酋政府将出台新的法规，进一步完善企业的经营管理。

（三）电力和水力行业

阿联酋电力和淡化海水领域一直竭力生产以满足不断增长的人口和人们高标准生活的需求。阿布扎比工业领域在 2011 年得到电力供应 600 兆瓦特，其中有 500 兆瓦特供给了阿布扎比国家石油公司（ADNOC），ADNOC 是世界排名前五名的出口石油公司。阿布扎比石油出口大多出自ADNOC。阿布扎比计划增产石油和天然气的产量，并在 2015 年对 ADNOC 的电力供应翻两番，即对 ADNOC 公司的电力供应增加至 2000 兆瓦特。

阿联酋也是世界上第二大海水淡化需求市场。阿布扎比酋长国的单位水消耗率为世界最高，平均每天需 525~600 加仑。据官方统计数据，阿布扎比水资源总消耗量比其水资源自然补给能力超出了 24 倍。整个阿联酋海水淡化的水资源占整个水消耗量的 80%。阿联酋对淡化水及相应产品的需求平均每年增长 7%。同海湾地区的其他国家一样，阿联酋对淡化海水的依赖程度很高。

最近的水电建设项目是由迪拜水电局公布的私有电力厂的建设项目。迪拜水电局目前为止已经收到来自国际工会组织的四个投标，来建设 Hassyan 电力工程项目。Hssyan 1 电力工程项目发电量可达到 1600 兆瓦特，投标方中，由阿布扎比国家能源公司、日本 Marubeni 公司和韩国 SK E&S 公司联合组成的投标单位所报的投标价是目前最低的，为 13 亿美元。被选中的投标人将持有该项目 49% 的股份，迪拜水电局（DEWA）将持有 51% 的股份。这个工程项目将为迪拜提供未来所需的电力能源，在所有程序中必须注意对环境的保护。迪拜计划供应 10000 兆瓦特的电力，Hassyan 工程项目只是这个计划的第一步。

阿联酋国家核能集团（ENEC）计划在阿联酋境内建 4 座核反应堆，并在其他国家发展原子能计划。日本大地震导致核辐射材料的泄漏，这为韩国企业（韩国电力公司）创造了赢得承建该项目的机会。韩国电力公司是韩国最大的发电公司，在 2009 年中标承建 2017～2020 年阿联酋核能基地的建设。此核能基地建成之后，阿联酋将成为海湾阿拉伯地区第一个有核能的国家。同时，阿布扎比酋长国已逐渐发展为海湾地区可再生能源的领头羊，其巨资打造的太阳能之城——马斯达尔城已经在可再生能源领域享誉全球。

（四）农业

阿联酋作为一个自然气候恶劣、水资源储量极度匮乏而油气资源储量非常丰富的海湾国家，其农业规模十分有限，全国可耕地面积 32 万公顷，仅占国土总面积的 3.8%。但在如此困难的条件下，阿联酋通过长期的资金与技术投入，在国家节水战略框架下发展出了以民营小型节水农场为主体、国营大型农场为补充、农业科学试验基地为外围、抗旱抗盐作物为重点的沙漠农业模式。

农业发展离不开水，但在水资源极度匮乏、人均耗水量却居世界第三的阿联酋，农业与水这对密不可分的伙伴成了尖锐的矛盾。为保证国家发展，阿联酋政府将水资源开发、利用和管理提升至国家战略高度。2005 年，由环境部、经济规划部、阿布扎比水电管理局、总统办公室下属的气候研究中心等部门联合组成了国家战略水资源管理委员会。2008 年，该委员会制定了《2008～2012 年阿联酋战略水资源规划》，该规划涵盖了政策法规、水资源开发利用与管理、节水科技研发、海水淡化等多个领域，并确定了农业、工业和商业等一切经济活动都必须优先服从和服务于节水这一大前提。在此战略框架下，阿联酋农业着力追求用水效益最大化，走出了一条资源友好型的农业发展道路。

第一，通过制定政策法规科学引导和管理农业用水。据统计，阿联酋目前年耗水量约 32 亿立方米，其中 55% 用于农业。为改变这种农业高耗水局面，阿联酋政府近年来推出多项政策法规加以引导节水农业，包括地下水开发使用法、阶梯式商业化水价和农业节水补贴政策等。

第二，大力推动农业节水科技的研发与市场化应用。近年来，阿联酋政府与多家外国节水科技企业合作，先后开发了农业用水信息监测网络、污水回收再利用系统以及地下水储量监控系统等信息化节水平台。此外，阿联酋在使用电离技术人工降雨、无土栽培以及培育抗旱耐盐作物等方面也取得了较大进展。

第三，阿联酋政府计划投巨资扩大海水淡化产业规模，为农业用水提供更大支持。阿联酋在海水淡化技术与规模方面处于世界领先地位，现有 70 座海水淡化厂，每年可产淡水 13 亿立方米，占世界海水淡化总量的 14%，占海湾合作委员会六国海水淡化总量的 41%。

阿联酋与其他阿拉伯国家相似，发展农业的自然条件不佳。境内大多为沙漠，耕地仅占全国总面积的 3.8%，气候炎热，降雨量少，水源贫乏。建国初始，阿联酋农业十分落后，农业产值仅占国内生产总值的 1.4%，95% 以上粮食依赖进口。进入 20 世纪 80 年代后，随着国民经济的腾飞，这种局面得到了很大的改观。近年来，阿联酋进一步扩大了可耕地面积，并把高科技运用到了农业生产中，取得了可喜的成果，实现了农产品从完全依赖进口到部分出口的质的飞跃。现在蔬菜自给率已接近 50%，奶类的自给率也得到明显提高，甚至还能部分出口周边阿拉伯国家。

阿联酋农业以私营为主，但政府的投入极大。为了鼓励农民开垦土地、兴建农场和种植园，政府一方面向农民无偿赠款或提供低息贷款，帮助他们购买生产必需品；一方面建立适当的销售体制，为农产品进入市场创造有利条件。此外，政府还积极开发水资源，以保障农业用水。由于阿联酋的地理环境特殊，所以，政府开发水资源时，除了兴建海水淡化厂外，还修建了许多水坝，以减少雨水流失。这一切为促进阿联酋的农业发展起到了积极作用。

（五）外贸

1. 对外贸易

阿联酋对外贸易的发展差不多是从 30 年前开始的。在此之前的贸易活动不仅单一，而且也只是局限在海湾国家之间。阿联酋的主要贸易市场集中在迪拜，迪拜是一个典型的港口城市，交通、运输十分便利，加上当地政府的适时引导，以及优惠宽松的贸易政策和环境，使得迪拜成为中东地区贸易集散中心，其辐射面已达北非、中东、南欧和南亚、西亚等地区，上述地区人口达 15 亿多，消费层次高、中、低都有，特别是海湾地区的一些国家，其国内的工业区局限在石油及石化领域，其他方面非常薄弱。这些国家近 90% 以上的日常消费品依赖进口，迪拜则以其在该地区过人一筹的政策优势，吸引了绝大部分的进口商、转口批发商以及供应商，世界各地商家云集于此，有"中东香港"的美誉。中国已成为中东地区商品最大的供货商，其次为日本、德国、美国、英国等。阿联酋用自己优良的政治、经济及社会环境在加速迪拜作为中东地区贸易集散中心地位的同时，也进一步刺激了当地市场的繁荣及多元化发展。

2. 阿联酋经商环境

阿联酋盛产石油，国家收入主要来源于石油的出口。不过，近 10 年的情况有所转变，其非石油收入已占据很重要的地位，由于国家已实行国民高福利待遇（包括生、老、病、死、学），其国民基本上都就职于政府部门及服务机构，当地人很少涉足经商贸易行业。

近几年来，阿联酋政府试图以繁荣市场、发展国际贸易、开发旅游市场，吸引更多的境外商人来巩固本国经济的可持续发展，并致力于这方面的工作。所以阿联酋政府在招商引资方面竭力创造政策极为宽松的商贸环境，筑巢引凤，以低税率、高自由度来吸引各国商人前来投资，兴办实业或经商。目前，阿联酋已与世界上 180 多个国家建立了贸易往来关系。在采取宽松政策的同时，阿联酋政府还加大基础设施的投入，用出口石油获得的巨额收入改善恶劣的自然条件，把沙漠国家建设成有着完善设施的商业城市。

阿联酋城市建设起点很高，市容市貌品位不凡。此外诸如厂房租赁、劳工宿舍等物业服务也十分完善，第三产业服务配套，律师、公证、咨询以及保险金融业机构众多，这些均为商业提供了便利条件。

3. 贸易政策及自由贸易区

阿联酋自 1994 年起成为关贸总协定缔约方，并于 1996 年加入世界贸易组织。同时，阿联酋与海湾合作委员会（GCC）其他国家一样，也是大阿拉伯自由贸易区（GAFTA）的成员。目前，阿联酋正在与欧盟、美国和澳大利亚协商自由贸易协定，并着手单独或联合 GCC 就几个区域性贸易协定进行谈判。

阿联酋政府一直实行开放的自由贸易政策。在阿联酋可自由进行外汇收付和转账的金融交易，所有硬通货币均可在当地银行自由兑换，外汇可自由指定币种自由汇出。无企业和个人所得税、增值税、营业税、消费税和中间环节的各种税收。除烟、酒等个别商品外，大部分商品只是象征性地征收关税。

货币政策稳定。美元与迪拉姆的比率一直保持在 1：3.678。

阿联酋已有 14 个现代化港口、5 个国际机场。近年来重点加强了能源、交通、通信和市政建设，大力发展金融、商贸、旅游、服务业和高科技产业，实施经济多元化政策，致力于长远可持续发展的战略。

阿联酋商品贸易发达，存在各种宗教信仰、各种层次、各种消费的群体。除对穆斯林食品有限制外，对其他商品没有严格的规定和限制，有利于进口商高价推销商品，获取高额利润。阿政府推行的贸易政策优于其他中东国家，给世界各国的商人提供了商机，各国商人不断涌入，促进了阿联酋商品贸易的发展。

阿联酋为繁荣和发展本国的工业，加强其在国际中的地位，七个酋长国相继开发了自由贸易区或工业区，以吸引外资。已建成的有迪拜的杰拜·阿里自由区、阿布扎比的姆姆发自由贸易及工业区、沙迦的霍木利亚工业园区等。

投资者可选择以自由区企业（FZE）的形式注册新公

司，或为阿联酋境内或境外现有公司或母公司设立分公司或代表处。自由区企业是有限责任公司，受到所在自由区的法律和法规制约。由于自由区实行特殊条例对自由区企业进行管理，除非在阿联酋入籍，否则《商业公司法》的内容不适用于自由区企业。

4. 阿联酋市场特点和消费习惯

石油资源是阿联酋的经济命脉，本国只能生产品种有限的工业制品和消费品以及品种不多的农产品，绝大部分资本商品、中间商品和消费品、食品依赖于进口。进出口贸易和转口贸易在阿联酋相当活跃，外国商品充斥阿联酋市场。

阿联酋奉行自由贸易政策，除烟草及其制品和酒类的关税较高之外，其他凡不享受免税待遇的进口商品关税率一般为1%~4%。再加上其他较为有利的贸易环境，使得世界各国的商品云集于此，展开了相当激烈的竞争。价格因素至关重要，是进入该市场的首要关口。在这个市场上，无论是日、美、法等工业国家还是发展中国家如中国、韩国、泰国以及中国台湾、香港地区的商品，大多以中、低档商品为主。就消费品（包括一般和永久性消费品）而言，发达国家的第一或第二代产品也较少光顾这个市场。以日本的电器为例，多数情况是主机在日本本土生产，然后在东南亚地区组装而成，再在此地推销。因而，这个市场的商品价格是偏低的。

阿联酋人均国内生产总值每年均在1万美元以上，有些年甚至高达3万美元以上，为世界富国之一。因此，在阿联酋，本国有产阶级、外国暴发户和高级技术人员是购买力强、消费水平高的消费群体。他们一般均拥有一处或多处私人住宅。当地部分有产阶级还拥有两个或两个以上的家室。从豪华型轿车到现代化高级家用电器和室内陈设（包括家具、地毯、艺术品），再到首饰、名牌穿着、食品等均追求高级、新颖。

要进入阿联酋市场，既要注意到广大消费者阶层的不同需求，也要下力气想办法把产品打进超级市场。一件商品，经过精装打扮，立刻会身价倍增。在成人服装、童装、儿童玩具、低档次家用电器、纺织品以及小五金工具和部分食品，如番茄罐头、大蒜等方面，我国在阿联酋市场占一定的优势。但应注意降低成本，使价格更具有竞争性。同时还应注意按时交货，特别是一些伊斯兰教节日时需求的商品，一旦错过时机，就很难推销。如开斋节和宰牲节，假期较长，人们特别是儿童穿新衣、新鞋，走亲访友需要大量礼品，招待客人需要各类干果。

5. 工商业

为发展贸易，阿联酋不仅进行了机场、码头、公路等大量基础设施建设，还发展了邮电通信、仓储、饭店、展览中心等配套服务设施，并创造了在中东地区相当开放的自由的生活环境。每年举行的展览会、研讨会、购物节等多达200个左右。其中，迪拜春、秋季博览会，迪拜购物节（3月），夏日惊奇（6月）和开斋节的购物日等在中东地区都颇具影响。现在，阿联酋特别是迪拜酋长国已成为中东地区的贸易中心和最主要的货物集散地。转口贸易额占阿联酋进口贸易总额的 30% ~ 40%。

为适应新经济发展的需要，阿联酋率先在中东地区建立"迪拜科技、电子商务和媒体自由区"，专门从事科研开发、电子商务、多媒体传输业务。自由区的建立吸引了包括微软、甲骨文、IBM、英特尔等众多国际公司，它们纷纷在自由区设立自己在中东、非洲地区的中心机构。区内电子商务专业企业的建立对保持阿联酋贸易中心地位、扩大贸易额、提高阿联酋国际经济影响力起到积极作用。

（六）财政金融

阿联酋将在阿布扎比建金融自由贸易区，并以阿布扎比酋长的名义颁布一项关于在首都阿布扎比玛丽亚岛创建金融自由贸易区的法令。根据这项法令，金融自由贸易区内可以从事的经营活动有：银行和金融服务，财政融资，短、中、长期抵押贷款业务和无抵押贷款业务；商业投资和商业投资银行业务，私人银行业、投资公司、批发和电子银行业务、投资管理等业务；证券交易及买卖，货币、商品、金属及衍生品，包括期货买卖、金融期权等；保险业、银行咨询服务，金融和投资相关业务服务，法律服务，审计、会计、商业支持、信贷评级和与商业、金融业活动相关的信息服务等。

阿拉伯联合酋长国银行业发达，现有本国银行 23 家，外国银行 28 家。外汇不受限制，货币自由出入境，汇率稳定。联邦政府财政收入来自各酋长国的石油收入。

阿联酋致力于将迪拜国际投资年会打造成全球性投资

平台。阿联酋以其自由宽松的经济政策、完善坚实的经济基础，迅速成为对外直接投资的重要目标国以及闻名全球的金融中心，吸引外国投资方面一直处于国际领先地位。如今，阿联酋已是全球最热门的对外直接投资目的地之一。2011年发布了"投资地图项目"，旨在通过改善投资环境、吸引多种类的投资和引进高新技术来促进知识经济的发展，并通过收入的多元化来减少对于石油的依赖。这将有助于国家可持续发展、国民经济的发达和国家GDP的提高，该"投资地图项目"确定了14个吸引外资的领域，包括铝业、汽车、航空、信息技术、电信、金融服务、电子、工程技术、工业技术、医疗保健、石油化工、教育、知识产业和药品。

第三届迪拜国际投资年会于2013年5月2日圆满闭幕，共80个国家的42位部长、5000家投资企业、160位演讲嘉宾、150家合作媒体参会。其中展览会部分展出面积共计8000平方米，250家参展商，三天观展商计15000人。三天会议期间，政府、企业、投资商就各国项目进行高效对接，签署项目总额约为500亿美金。

第四届迪拜国际投资年会于2014年4月8~10日盛大开幕，来自全球各国各地区的政要、企业领导人、金融机构高管、知名专家、投资商将年会推向新的高度，为促进全球经济发展出谋划策。

1. 货币

在阿联酋建国前，阿联酋诸酋长国使用的货币不同。阿布扎比的官方货币是巴林第纳尔，其余几个酋长国使用卡塔尔或者迪拜里亚尔。1972年阿联酋成为国际货币基金组织成员后，在国际货币董事会的技术支持下开始酝酿成立货币董事会，该董事会将进行本国货币的发行和管理，并进一步完善阿联酋的金融系统。1973年11月，迪拉姆成为阿联酋法定货币，并于1974年2月由国际货币基金组织正式确定了其标准价值。从此阿联酋迪拉姆成为国际上最稳定的货币之一。阿拉伯货币基金组织的总部设在阿布扎比，阿布扎比政府拥有其部分股份，它也是阿拉伯的投资银行和对外贸易银行。1980年，阿联酋成立了中央银行，负责发行货币、管理银行和金融机构、管理信贷政策、保障经济发展等，取代了货币董事会。

2. 金融与保险业

阿联酋的金融和保险业发展也很迅速。外资银行在阿呈增加趋势，但现阶段阿中央银行只批准建立外国银行代表处，央行规定，所有外行代表处不得行使一般金融机构的职能，代表处在阿开设的账户只能用于支付日常开支，但代表处可以提供金融、信贷和投资方面的咨询服务。德意志银行、日本三菱日联金融集团和中国工商银行于2008年获得银行执照，在阿联酋可进行的业务主要有向各类机构、政府和非政府发放贷款，在阿联酋央行开设银行账户，在阿联酋境内开展电子传送以及吸收机构存款等。

阿联酋的保险业发展迅速，现成为海湾合作委员会国家中第二大保险市场，第一为沙特阿拉伯。据中国驻阿联酋大使馆经商参处2009年10月资料统计，阿联酋全国共有46家保险公司，其中外国保险公司27家，本地公司19家。

（七）交通运输业

境内无铁路，各酋长国之间由现代化高速公路相连，交通通信方便。公路总长约 3171 公里，约有 34.5 万辆汽车。水运有 15 个港口，308 个码头（总长 45 公里），年货物吞吐量为 7 亿吨。迪拜拉希德港是中东第二大深水港。空运有阿布扎比、迪拜等 6 个国际机场，10 个直升机机场。2004 年客流量达 2200 万人次。在全球航空公司的竞争排序中，阿联酋航空公司居阿拉伯国家首位。阿联酋已同包括中国在内的 35 个国家签订了双边航空协定，世界各国的 60 个航空公司有定期航班飞往阿联酋各机场。

2010 年，阿联酋手机用户突破 1000 万。2008 年，阿手机持有率为 1.73 部/人，为阿拉伯国家最高，是世界平均水平的 3 倍。阿联酋固话覆盖率为 30%，也居阿拉伯国家之首。阿联酋人造卫星通信网与 118 个国家相连。

目前，阿境内共有邮政网点 73 个，商业邮政代办点 208 家，邮箱 215307 个。阿还是外国邮联 2009～2012 年度邮政经营理事会和管理委员会成员。

（八）旅游业

旅游服务行业是阿联酋的重点发展行业。以迪拜酋长国为例，1989 年，迪拜有饭店 69 家，客房 5423 间。1999 年，迪拜有饭店 254 家，餐馆约 2500 家。1989 年，迪拜的饭店接待游客 628508 人，而到 1999 年，接待游客已经超过 300 万人。旅游业占国内生产总值的 12%。

阿联酋首都阿布扎比，以现代都市观光为特色，新建的大清真寺和体现原居住民生活的民俗村十分吸引人。从海面上腾空而起的迪拜高楼大厦已成为全球闻名的现代景观，帆船酒店、世界第一高楼哈利法塔，以人工填海方式建造的3座棕榈岛以及由世界地图形状组成的300个"世界岛"被誉为"阿拉伯之星"，成为世界滨海休闲度假的新宠。

　　目前，迪拜积极实行经济多元化战略，利用资金、区位和旅游优势，把发展国际会展业作为经济转型的重要推手，通过会议展览经济带动娱乐业、酒店业、金融业及房地产业全面发展。迪拜专门成立了会展部（DCB），负责统筹规划会展资源，开展全球市场宣传推广。该机构已在美国、英国、法国等14个国家和地区设立办事处，提供12种文字的迪拜商旅指南，大力宣传迪拜优惠的商贸政策与开放包容的城市文化。迪拜创造了从游牧经济向工业经济跨越，再从工业经济向现代服务经济飞跃的奇迹。

第二章　民族与宗教

一　民族

阿拉伯联合酋长国的居民和半岛上的其他居民一样属于阿拉伯血统。他们的祖先在 2000~3000 年前向东连续移民来到阿拉伯半岛，带着他们的文化、语言以及他们的生存技能来到这片荒芜的地方。他们到达后，与该地居民融为一体，称为闪族人。在考古点乌姆盖万的 Mileiha/Muwailah、沙迦的 AdDoor 发现了现已消失的闪族语言的题字，从而证明了这一早期移民的存在。但在以后的几百年中，居民的文化和传统互相渗透，与公元 7 世纪传入的伊斯兰教融为一体，伊斯兰教成为此地区民主要的信仰。

贝都因人是传统的游牧民族，他们带着骆驼和羊群穿越沙漠，从一个牧场转移到另一个牧场。在阿联酋的众多部落中，只有非常少的部落是游牧民族。大部分人是定居的，至少一年中的大部分时间定居在一地。他们从事简单的农业，或者在东部阿拉伯海湾采集珍珠和从事渔业。真正的沙漠地区，集中在国家的南部和东南部地区，与无人区和 Rubal-Khali 接壤。阿联酋的居民与半岛中部的贝都因人有血缘关系,但他们的生活方式在很大程度上大相径庭,包括从事农业、渔业或牧业。这种不同也很自然地体现在他们不同的传统习惯上。

阿联酋民族团结的模式能取得成功,不仅仅是由短期兴趣或与财富有关的因素造成,而且更是受这一地区部落的历史渊源、经济发展和文化之间的相似性和相关性,以及不同部族间紧密的血缘关系所影响。事实上,在七个酋长国中,很多居于统治地位的家族和主要的部族彼此都有非常近的亲戚关系,如阿布扎比和迪拜的统治家族以及哈伊马角和沙迦的统治家族就是如此。

二 宗教信仰

阿联酋绝大多人信奉伊斯兰教(其中约 80% 的穆斯林属逊尼派,但在迪拜酋长国什叶派穆斯林居多数),宗教活动在阿联酋人民的日常生活中非常重要。阿联酋的宪法规定:“伊斯兰教是阿联酋的国教。”

迪拜代表的是伊斯兰开明主义。现任阿联酋副总统、总理、迪拜酋长穆罕默德·拉希德·马克图姆引用过一则寓言:每天清晨,羚羊醒来便懂得自己要跑得比狮子快,否则便会被狮子吃掉;狮子醒来便懂得自己要跑得比最慢的羚羊快,否则就会被饿死。“不管你是狮子还是羚羊,你要比别人跑得快,才能生存,才能成功。”所以,迪拜发展中的一大特色便是追求“新、奇、特”,建世界最高的大楼、最豪华的清真寺。迪拜的开明体现为兼容并蓄。比如,允许在特定场所开设酒吧等，但如果在其他公开场合饮酒就是犯罪。阿联酋的居民来自160多个国家，人员构成很复杂，但社会非常稳定，没有发生过一次社会动荡。这足以证明领导人选择的方向是正确的。

在阿联酋皈依伊斯兰教的外国人可获免费朝觐。为了让新入教的外国穆斯林更好地了解伊斯兰教义和教法，阿联酋为他们提供免费朝觐。阿联酋政府表示，这是为了提高他们对伊斯兰教的认识，巩固他们的信仰，鼓励他们继续深入研究伊斯兰教，因而有许多旅居阿联酋的外籍人员皈依了伊斯兰教。阿联酋为新穆斯林提供了许多方便和鼓励性政策，其中包括为他们提供免费朝觐、向他们赠送各种语言的《古兰经》注释和译本，以使他们对伊斯兰文化有更深入的了解。

2013年，不同国籍的2000余人在阿联酋归信伊斯兰教，反映出全球各地对这一宗教的日益偏好。阿联酋 Dar Al Ber 社会中心主任拉希德告诉《海湾时报》记者："新穆斯林来自菲律宾、中国、印度、斯里兰卡、泰国、喀麦隆、肯尼亚、尼日利亚、美国、意大利、德国、英国、爱尔兰、澳大利亚、缅甸、叙利亚、约旦以及拉丁美洲。"这个富裕的海湾酋长国已宣布了将建设世界上第一个《古兰经》公园的计划，公园中将展示《古兰经》中提到的54种植物中的51种。

在阿联酋，外籍人多于本国人，外籍人当中既有穆斯林，也有非穆斯林（如基督教教徒和印度教教徒），鉴于此，阿联酋奉行信仰自由的政策。阿联酋境内既有供穆斯林进行宗教活动的清真寺，也有其他非穆斯林的宗教场所。

阿联酋全国大约有 3450 座清真寺，坐落在大街小巷和各居民小区之中。这些清真寺的建筑大小不一，造型各异，但都十分考究、雅致、肃穆，为穆斯林进行礼拜和参加宗教活动提供了非常舒适和便利的环境。

在这些清真寺中，位于首都阿布扎比、以阿联酋已故开国总统扎耶德·本·苏尔坦·阿勒纳哈扬命名的清真寺最为雄伟、肃穆、壮观，已成为著名的旅游景点。此外，迪拜、沙迦等其他酋长国也都建有不少壮观、雄伟、漂亮的清真寺。其中，迪拜犹美拉赫清真寺是依照中世纪法蒂玛王朝的传统建筑而建的，堪称现代伊斯兰建筑的辉煌典范。它的特点是整个建筑都由石块建成，没有一块砖，由于它建造的年代久远，现在成了迪拜的地标性建筑之一。

阿联酋是一个传统与现代完美结合的国家，既有世界最高的摩天大楼——哈利法塔，也有世界最大清真寺之一的阿布扎比大清真寺。在这里，传统的伊斯兰文化和现代的国际化思潮和谐共处，展示出阿联酋不服输的精神，为生活在这里的民众提供了两种文化中最好的一面。与海湾地区的其他国家相比，阿联酋人更加开明，但许多法律仍根植于伊斯兰教义。

三　伊斯兰教民主化

伊斯兰国家历史上曾长期遭受西方奴役，对西方国家有着本能的抵触心态。而且中东国家固有的伊斯兰传统文化和价值观与西方的现代文化差异巨大，接受西方民主化

的过程必然是缓慢的，阿拉伯国家政治民主化的发展道路
也有别于西方。伊斯兰教的文化特征首先是宗教政治文化。
政治性在伊斯兰教传统的文化思想体系中占有十分突出的
地位。阿联酋宪法规定"伊斯兰教为国教"，作为一个伊斯
兰国家，阿联酋政治民主化的过程实际就是"伊斯兰性"
与"现代性"之间相互作用的过程。

随着阿联酋经济和社会的发展，国民的物质与精神生
活都发生了巨大的变化。经济现代化使社会结构发生了变
化，产生了新的社会问题，如失业、贫富分化、通货膨胀
率高以及西方文化和生活方式的冲击等。解决好伊斯兰教
与现代化之间的关系成为新时期阿联酋政治民主化改革面
临的现实问题。这其中有几个特点。

1. 伊斯兰教教义与现代社会民主化改革

阿联酋作为伊斯兰国家，伊斯兰教的传统价值观在人
们的心中根深蒂固。这就要求统治者在进行政治民主化改
革时要考虑到穆斯林信众的心理承受能力。受各种综合条
件限制，阿联酋的政治现代化进程只能以极其缓慢的速度
进行。

2. 伊斯兰教要求信众尊崇权威与民主化的关系

在阿联酋这个政教合一的君主政权体制国家，宪法规
定伊斯兰教为国教，国家总统必须为穆斯林。但是现在，
伊斯兰教在政治、经济、司法等部门的影响力非常有限，
伊斯兰教正在逐渐变成规范人们日常行为的条例。

3. 伊斯兰教在阿联酋具有进行自我协调的能力

阿联酋在吸取西方文明和传承"伊斯兰性"的酋长制

的基础上建立了君主立宪制，表明"伊斯兰性"在制度文明的三个层面，即政教合一的国家体制、传统宗教社团重于国家以及道德价值准则这三个层面，都在现代化进程中逐渐变化。

随着经济和社会现代化的不断发展，阿联酋的社会发生了翻天覆地的变化，百姓过上了高度现代化的生活，人们在感受现代生活带来的舒适时，不但其生活方式发生了转变，而且也接收了很多新的理念，其中就包括民主化的理念。伴随着现代化进程，伊斯兰教能够不断自我调节的特征已经深入信众的日常生活和工作中。

第三章　民俗与禁忌

一　民俗

1. 婚丧

（1）丧俗

阿联酋人的葬礼与其他伊斯兰国家的穆斯林葬礼一样，都要严格执行伊斯兰教的相关规定。从人去世开始，主要可以分为四个步骤，简称为洗、穿、站、埋。

在人去世后，由其亲人为其抚平四肢，抹合双眼，脱去全身的衣服，用白布盖好遗体。在举行葬礼之前，亲人们按照伊斯兰教规定的方式对遗体进行清洗。在清洗时，不能撤去遮盖遗体的白布，要求洗什么部位露什么部位，洗完后马上再盖好。在清洗遗体的过程中，与清洗遗体无关的人员不得进入房间。

清洗后的遗体用"卡番"包裹好，中国穆斯林俗称"穿卡番"。所谓"卡番"就是裹尸布。男子是三件，一件贴身的背心，外面是长度超过亡人身高的白布，分两层包裹，这些都是未经缝制的白布。所谓背心，不过是在对折的白布上剪出半圆形缺口，以便套在尸体上。女子的"卡番"是五件，除与男子一样的三件外，还有一件包头的，一件裹胸的。

在伊斯兰教的历史上曾流行过为名人修大坟，并在坟场附近修建清真寺的做法，阿拉伯人也曾经出现过类似的风俗，直到近代瓦哈比派在阿拉伯半岛兴起以后，情况才有了彻底的转变。阿联酋的公共坟场没有任何装饰，只有围墙的存在提醒人们这里是特殊的地方，而不是旷野。亡人安葬后，只留下外人不易识别的标志，其他什么都没有，以表现人来自于土回归于土的精神。阿拉伯人对去世亲人的怀念主要体现在代替亡人完成宗教功修方面，如替亡人礼拜，替亡人封斋，替亡人施舍，替亡人朝觐等。

（2）婚俗

阿拉伯联合酋长国历史悠久，文化古老，婚礼习俗表现出浓厚的阿拉伯色彩，又因其是世界上最富有的国家，人们在操办婚事时讲究阔气，注重排场。

阿拉伯联合酋长国的婚礼活动一般进行三天时间。第一天是宴请女宾日，新娘家邀请男女两家的女宾出席。新娘穿上时髦的白色拖地结婚礼服，腰间系着一条金腰带（当然也有人穿着当地传统的阿拉伯式结婚礼服），向女宾们展示自己的金首饰、衣服及化妆品等。这些金首饰、成套新衣服和化妆品数量之多，往往令人瞠目结舌，新娘以此来炫耀自己经济富有和身份高贵。

第二天为宴请男宾日，新郎家邀请男女两家的男客人参加，还要请来民间歌舞团吹拉弹唱，载歌载舞，通宵达旦地进行庆贺，场面热闹异常。

第三天为宴请众人日，由新郎家操办，男女两家所有的亲戚、朋友、邻居等应邀参加。即使是过路的陌生人也会受到热情邀请。婚礼上，赛骆驼是一项不可缺少的重要活动。凡是新郎新娘的亲朋好友均可参加比赛，比赛的地点选在离新郎家 20 公里的沙漠上，终点是新郎的家门口。沿途围观的人群为参加比赛的骑手们加油助兴，尽情欢呼。这种沙漠赛骆驼，形式独特新颖，场面热烈隆重，观后令人陶醉。

十分有趣的是，新婚之夜，新郎必须从晚上 9 点到凌晨 1 点一个人待在新房里。深夜 1 点，新娘在母亲的陪同下进入洞房，新郎向岳母问安，岳母随即退出，大约早晨 5 点钟，岳母再次进入洞房，询问新婚第一夜是否和谐、满意，并将自己的女儿带走。直到上午 10 点钟，岳母才把新娘再次交给新郎。按照当地的传统做法，婚礼的一切开支由男方家庭负担，女方家庭根据自己的经济能力向出嫁的女儿赠送相应的礼物。在阿拉伯联合酋长国，新婚之夜通常安排在星期五或星期一的晚上，人们在鼓乐声中尽情欢乐，有的地方要持续一天的时间，当地居民性格豪爽，慷慨好客，这从婚礼喜宴便可反映出来。不仅饭菜丰盛，味道极佳，而且主人异常亲热和友好，频频招呼客人一定要多吃菜，直到吃饱喝足为止，客人吃得越多，主人越高兴，因为主人认为这是客人看得起他，赏给他面子。

2. 饮食

阿联酋的餐饮为阿拉伯风味，阿拉伯餐与西餐相似，包括开胃菜、汤、沙拉、烧烤、甜点。但其牛羊肉的做法多种多样，一大群人围坐在一起品尝各种烧烤，感受非凡。阿拉伯的甜品由肉和水果蔬菜制成，配上阿拉伯风味的酱汁，香甜可口，阿拉伯沙拉则是以水果、蔬菜配上酸奶、橄榄油、盐等，既可口又开胃。还有香酥的阿拉伯大饼，面饼上面撒上芝麻，然后烤熟，散发出一种纯粹的面香。阿联酋的特色菜包括阿拉伯烤鸡、阿拉伯甜品、阿拉伯烤牛、阿拉伯烤羊等。

当地的禁忌是不准携入酒类、裸体照片。伊斯兰教徒不吃猪肉、不饮酒。对他们来说，喝酒是直通罪恶之路。外商进关时，本人自用的酒，限带一瓶，可以过关，但两瓶以上或是犹太人企业的产品，包括可口可乐等，都不准通关。带酒通关，容易招惹是非。斋戒期间禁止在室外吃东西、抽烟。

阿联酋国内阿拉伯族居多，阿拉伯人善于烹调，食物丰富多彩。其饭菜的特点是甜、香、油腻。咖啡和茶是每天不可缺少的饮料。阿拉伯人信奉伊斯兰教，禁吃猪肉，不吃外形丑恶和不洁之物，如甲鱼、螃蟹等，也不吃已死的动物。猎取野味时，打中猎物后猎人必须在血还没有凝固前，迅速割断其喉头，否则就不能吃。

阿拉伯人从前的主食是玉米饼、麦饼和豆，贫穷家庭吃的主要是玉米饼。自从国家因出口石油而收入大量美元之后，政府对主要食品实行价格补贴。店铺里卖的大饼（发酵饼）和面饼比面粉还要便宜。所以平时家家都吃大饼或面饼。以西红柿沙拉、洋葱拌辣椒、煮豆或各种酱等为佐餐，肉类主要是牛羊肉。

阿拉伯人喜欢咖啡和茶。在各城市的街道上，咖啡摊比比皆是，一杯咖啡加上几种点心，就是一顿便宜的午餐。

名贵的菜肴有油炸鸽子、烘鱼、烤全羊等。烤全羊是把一只肥嫩的羔羊除去头脚，掏空内脏，塞满大米饭、葡萄干、杏仁、橄榄、松子等干果和调料，然后放大火上烤。其特色是又嫩又香，味道鲜美。

阿拉伯人用手抓饭的技术十分熟练，一是不怕烫，二是能用手指迅速地撕下一小块肉条，并将菜肴送入口内，手指不允许碰着嘴。

阿联酋餐食特点突出了穆斯林餐饮文化特色。阿联酋是伊斯兰国家，一般餐饮企业向顾客提供的饮食都要符合伊斯兰教规，猪肉和酒类要有营业执照才可以经营。国际化、多样化特色鲜明。阿联酋多元化的国别人口构成形成了本地国际化、多样化的餐饮业市场，在阿联酋既可以吃到西餐、印巴餐，也可以吃到东方餐，甚至一些拉美和非洲特色的餐饮也可以找到，因而阿联酋也有世界美食汇聚地的美称。

阿联酋人饮食以发酵面饼、玉米饼为主，常吃的菜肴有西红柿沙拉、洋葱拌辣椒、羊肉串、烤火腿等。他们喜欢吃中餐，他们用餐时不使用筷子，而习惯以手抓饭。

3. 服饰

阿联酋人民的风俗习惯依然保持着原来的风貌。有些妇女头上戴着"盖少"，把头发遮住；有些妇女脸上戴着面翠，只露出两只眼睛和部分面容，当地人把这种面翠称作"布图莱"。这里的妇女不论天气多么炎热必须穿裤子，裤脚筒到膝盖下即可。有钱人家的妇女穿的裤子宽大，穷人家妇女穿的裤子狭窄，以便于行走和劳动。妇女出家门时身上必须穿一件宽大的苹衣，颜色有黑，有白，也有彩色或是半透明的。年长或有身份的妇女外出时，她的苹衣外面还要加穿一件披风，这样显得雍容华贵。阿联酋的男子和也门男子的穿着相似：上身一件衬衫，下身一条裙子。有的不穿裙子，而用一块布一围了事。只有富人、爱讲究或有身份的人才在衬衫和裙子外穿一件白绸缎或涤纶制成的阿拉伯袍。阿拉伯人喜欢肉食和甜食，更是每日离不开浓浓的加糖奶茶，加上他们普遍不太愿活动，睡觉的时间较多，故他们的体型大多较为发福，而穿着上下一般粗的直筒式阿拉伯长袍，能很好地遮盖他们的肥硕体形，且能极大地方便他们的行动。此外，大多数阿拉伯国家都地处高温沙漠地带，宽松飘逸的阿拉伯长袍不仅能迅速散热，还能有效地抵御住漫天袭来的沙尘暴。在炎热的阿拉伯国家里，穿着阿拉伯长袍是最明智的选择。

阿拉伯男人穿着的白色长袍各不相同，每个国家都有自己特定的款式和尺码。以通常被称为"冈都拉"的男袍来说，就有十几种款式，诸如沙特款、苏丹款、科威特款、卡塔尔款、阿联酋款等，还有从中衍生出来的摩洛哥款、阿富汗套装等。

阿拉伯人从小就开始穿阿式长袍，这也可以说是阿拉伯传统启蒙教育的一个组成部分。年幼的孩童穿上白色或黑色的小长袍，的确是别有一番风味，不由得你不朝着他

（她）们多瞧上几眼。特别是节假日里阿拉伯人举家出动时，总会有成群的孩童穿着黑或白长袍满地跑，其独特的衣着为节日点缀出亮点。如今，随着社会的不断发展，越来越多的阿拉伯年轻人热衷于西装革履以及休闲服饰，这是否也可以理解为对传统的一种挑战？但是，有一点是可以肯定的，在每一个阿拉伯人的衣柜里，总会有几件传统的阿拉伯长袍。

4. 居住

阿联酋传统居住条件是根据当地气候和环境而定的。阿拉伯半岛上树木少，一般居住的房屋大多是土屋和帐篷，1971年联邦政府成立后，随着石油的开发，城市村镇都有较大发展。联邦政府工程和住房部以及各级政府都大力推进住房建设，建造了数以万计的住房。

阿联酋的经济发展相当成功，但仍有一些个人无法从中直接受益，因此需要一个完善的社会福利体系帮助那些社会弱势成员。除了由妇女总联盟管理、各部委扶持的社会中心网络提供经济援助以及政府支持的社会福利和康复中心为残障人士提供帮助以外，还有劳动和社会事务部管理的社会保障补助金。表彰住房建设者的迪拜奖奖杯的设计极富象征意义，看上去是一个金光灿灿的小楼阁，它是迪拜人发明的最环保的"空调器"——古代迪拜人在房顶建起的"风塔"。在"风塔"下面，还镶嵌了地球的南北两个半球，以显示这个奖的国际性，它是全球共同关注的奖，奖杯上还镌刻有三个大印，分别来自联合国、联合国人居署和迪拜市政府。

5. 节庆

好客是阿拉伯人的美德，阿联酋人民也不例外。阿联酋人还有自己独特的待客习惯，即三天之内，客人受到主人的款待，并得到主人的保护；三天以后，客人自找门路，主人不再照管。不论什么客人，首先敬咖啡一杯，哪怕来客是个孩子。如果客人是长辈或者是有身份的人，咖啡一定要现煮，以示尊敬。请客吃饭，多半放在晚上。阿联酋居民热情好客，讲究礼仪，对于重要的客人来访，严格按照国际惯例举行迎来送往的仪式，是举世皆知的礼仪之邦。有宾客临门，阿联酋人显得热情、慷慨、大方。宾客是本国人或阿拉伯人，同性之间行拥抱礼和吻礼，家庭主妇对男宾客报以微笑。在许多情况下，家中 10 岁以上的女性是回避见异性客人的。

阿联酋人的吻礼很讲究：同辈人一般互吻对方脸颊三下，表示友好感情，关系亲密的则多吻几下；长辈吻晚辈的额头表示良好祝福；平民百姓吻酋长或地方长官的右肩，表示敬意和崇拜；王室成员之间行吻礼是互碰鼻尖，表示亲密无间。宾客是外国人，男主人握手相迎，讲一些热情欢迎的话，女主人是不与男性客人握手的。

海湾地区人民能歌善舞有其历史渊源。过去他们生活艰难，沿海居民靠打鱼和采珠为业。一到冬季，一些相依为命的渔人便聚在一起，时而唱歌，时而跳舞。历史上，阿联酋人经常遭受外国列强的侵袭。阿联酋人民不畏强暴，奋勇抵抗。因此，他们的舞蹈表示战斗生活的居多，不是持枪就是拿剑。这些舞蹈世代相传，保留至今。

人们喜爱棕色、深蓝色，禁忌粉红、黄、紫色。喜爱羚羊，禁止以猪、十字架、六角形作图案。下班以后，当地商人喜欢到咖啡店聚坐，此地无夜总会，晚宴总是在家中进行。应邀至阿联酋商人家作客的往往只有男性，女性社会地位较低。在当地，不劝酒、不送裸照，伊斯兰教禁止偶像崇拜，洋娃娃也好，裸照也好，一律被视作偶像类。

在阿联酋不开放的酋长国，不得在公寓阳台上晾晒内衣，不得穿暴露的服装在大街上行走，不得与当地的妇女打招呼和讲话。由于不知道具体的风俗和禁忌，中国华商被误抓进警局的比比皆是。

伊斯兰教的斋月

在进入斋月之际，阿拉伯和伊斯兰国家领导人相互致电，祝贺进入斋月。斋月是伊斯兰教的五大功课（证词、礼拜、斋戒、天课、朝觐）之一，每年一次，时间为伊斯兰历的9月（拉玛丹月），前后持续一个月。

开斋节

伊斯兰历的10月1日是开斋节。开斋节是伊斯兰教最盛大的节日之一，全世界穆斯林普天同庆，举世同乐。开斋节时阿拉伯各国都要放假，政府机构停止办公。放假时间各不相同。沙特为两周，阿联酋为三天。一般都要走亲访友，增进友情。

对于穆斯林而言，欢度开斋节时尤其不可忘记世上贫穷的人，要尽可能对他们慷慨解囊，进行慈善帮困，或向社会捐赠，支持社会公益事业。

斋月里，穆斯林白昼斋戒以历练心性、净化灵魂。所以，斋月里在阿拉伯国家通常可以看到许多人将自己精心准备的食物摆放到路旁免费供路人享用，以此表达他们乐善好施的品行。在沙特和阿联酋，从斋月开始，每天晚上很多清真寺会向穆斯林提供免费食品。

国家节日

伊斯兰教新年。活动特色：穆斯林的新年，大批的穆斯林信徒会去清真寺礼拜，那天的清真寺也会装饰得格外漂亮。节庆日期：4月7日。

穆罕默德生日。活动特色：在宗教领袖穆罕默德的生日这天人们都会进行大规模的朝拜。节庆日期：6月16日。

国庆日。活动特色：官方会有大型的庆典活动，人民也自发庆祝，还会有宗教仪式。节庆日期：12月2日。

斋戒第一天。活动特色：进行宗教仪式后，会饱餐一顿，等待斋戒月到来。

开斋节。活动特色：人们享受大餐，日常生活恢复正常，日间可以进食。

阿联酋建军节。活动特色：官方有大型的阅兵仪式，很特别。节庆日期：12月10日。

阿联酋赛骆驼节。活动特色：进行骆驼大赛，人们带来数以百计的骆驼来竞争价值不菲的奖品，最好的骆驼被予以重奖，既奖励骆驼也奖励饲养者。赛骆驼已经成为这个国家最受欢迎的观赏体育活动。活动地点：阿布扎比。节庆日期：不定时。

阿联酋联邦政府建立纪念日。活动特色：举国上下共庆所取得的经济建设成就，各地的节日促销活动接连不断，展现出阿联酋繁荣昌盛的景象。节庆日期：12月1日。

6. 社会礼仪

（1）礼仪

阿联酋人殷勤好客，接待客人礼仪隆重。有贵客临门，必须远迎。以茶待客是阿联酋人的习惯，喝红茶时要放糖。客人进屋时，首先为客人熏香；客人告辞时，要在客人手上洒香水。阿联酋人对外国人行握手礼，但妇女不与男人握手。阿联酋人对本国人或阿拉伯人行拥抱礼和吻礼，但只限于同性别间。阿联酋是伊斯兰国家，禁止穆斯林吃猪肉和饮酒，外国人凭酒证可在饭店里买到酒，外交团体可以买免税进口酒类。每个穆斯林每天必须进行五次礼拜，无论是在家中，还是在办公室或飞机上。穆斯林做礼拜是一件十分严肃的事情，旁人不得在这时与其谈话，更不得开玩笑。

根据阿拉伯联合酋长国的商务礼俗，冬天访问宜穿保守式样西服。访问政府办公厅及大公司必须预先约定。参与政府机构的投标时，必须通过当地的代理来进行。设立公司时，也需要有当地的担保人出面才行。要得到签证，通常是由当地的客户，也就是所谓的担保人拍发电报，凭电文在机场取得签证。和其他中东地区国家的商业习惯相同，在阿联酋做生意，必须表现出谦虚有礼并有耐心，销售姿态务必要低。本地商人不喜欢与派驻在沙特阿拉伯或其他邻国的商务代表谈判，他们更愿直接与制造厂商打交道。

（2）民俗

阿联酋人喜爱清洁，特别是在真主面前。穆斯林一天五次礼拜真主,每次礼拜前都必须用水清洁身体。政府非常重视卫生事业,大量投资来美化和清洁环境。尤其是首都阿布扎比,到处绿树成荫、繁花似锦。阿联酋人的服饰与海湾其他国家的服饰大致相同。阿联酋是伊斯兰国家,饭食多以牛羊肉为主。名菜有葡萄叶包羊肉、烧羊蹄、牛奶煮羊肉等。阿联酋人最爱吃的家常饭是羊肉汤泡大饼,有点像我国西北人爱吃的羊肉泡馍。

二 禁忌

其一,阿联酋属于伊斯兰国家,全国人民尊崇伊斯兰教义。在阿联酋旅游要时刻注意自己的言行举止,尊重他国文化。例如:饮食上不要有猪肉类食品和酒精类饮品;男性不要和穿有 Abaya(阿拉伯女性传统黑袍)服饰的阿拉伯女性交谈和拍照;未经允许不要将镜头对准穿有传统服饰的阿拉伯男性和女性。斋月期间,女士们要尽量注意穿长袖衣服和长裤,穿着不要太暴露。

其二,阿联酋是一个讲究服从的国家,任何一条规定与准则都不允许被打破。在公共场所应遵守的行为准则是:着装要尊重宗教文化,尤其女性着装领口要保守,上衣要有袖子,短裤或裙子要长过膝盖;男女朋友甚至夫妻走在街上不能有牵手或亲吻等亲密行为;公交地铁或排队区(例如机场、银行等)有女性专用席,男性不得越界;吸烟要到指定地点(大多数在商场、酒店和机场外)。

其三,伊斯兰教最重大的日子——斋月,大约在每年的 7~9 月,日期不定,只有在每年临近的日子里看着月亮才能推算出具体日期，为期一个月。斋月期间，穆斯林信徒从日出到日落期间不得吃饭喝水。因此旅行者在此期间白天的就餐饮水便成了重大问题，并且很多商店、银行和政府部门都会缩短营业时间。日落时分很多出租车司机都会赶去吃饭，对于旅行者来说非常不便，如果出行，建议避开斋月。虽然斋月期间上午半天工作，但实际上办不了什么事。因此，国内来阿联酋访问、做生意，或办展览也要注意尽量避开当地的斋月。

其四，女士单独出行，要注意阿拉伯人或印巴人的骚扰。如果遇到有男性用"Hello"或"Ni Hao"的低声呼唤来吸引你的注意时，要假装没听见，不必理会，也不用害怕，他们是不会使用肢体触碰女士的。

其五，很多公共场所的厕所附近都会有一对类似厕所一样并有男女区分的祈祷室标志，注意看清标志，避免尴尬事件发生。祈祷室的标志大多数为一个清真寺的图标或裹头巾和留胡子的阿拉伯人头的形象。

其六，斋月期间，在阿拉伯国家日出后和日落前不许在公共场所和大街上喝水、吸烟、吃东西，餐厅和饮品店在这个时间关门停业。除在寓所和星级酒店可以喝酒外，其他的场所或大街上不许喝酒。

其七，在与当地人交往中，与先生谈话不能主动问及其夫人的情况；与妇女交往只能简单问候几句，不能单独或长时间与她们谈话，更不能因好奇看她们的服饰，也不许给她们拍照。

其八，阿拉伯人对邀请及约定往往会加上一句"Inshaala"

(如果真主同意的话)，此话即表示同意，如无意外发生，约会自当遵守。但国人不可尽信，要有对方会爽约的心理准备。宗教信仰虔诚者及受过高等教育者守约程度较高。此外在当地的印度、巴基斯坦和孟加拉国人，仍习惯口中说着 Yes，却随着 Yes 的长音大摇其头，此为其习惯使然，仍表示肯定之意

其九，阿拉伯人习惯两人见面时问候十几次才谈正事，除非是非常熟的朋友，否则只能问候其家庭而不能问候其太太，若是在家里宴客，女主人也多不出面。以咖啡待客时，通常是从保温瓶中倒出滚烫的半小杯，喝完后，侍者会继续添加，须以拇指及中指左右摇晃手中的小杯，才表示已足够了，不用再添加。

其十，一般阿拉伯家庭仍是席地用餐，且用手抓食，做客时最好入乡随俗。

其十一，阿联酋法律明确禁止对政府机构、王宫、军事安全要地、外国驻阿使领馆等建筑物拍照，对违反者处罚极其严厉。中国游客应自觉遵守当地的法律和风俗，拍照前留意周围是否有禁止拍照、摄像等标识，并请在阿联酋经营的中国旅行社本着对游客负责的态度，详细告知有关注意事项，以免引起不必要的麻烦。

第四章　文化

一　文化与建筑

1. 阿布扎比民俗村

阿布扎比市是阿联酋首都，也是阿联酋的第一大城市。阿布扎比酋长国面积占阿联酋国土面积的 80%，其中包括大约 200 个岛屿。阿布扎比市就坐落在其中一个岛屿上。尽管阿布扎比大部分地区是沙漠，但阿布扎比市是一个绿意浓浓的天堂，有宽阔的街道和美丽的公园，视力所及之处也都是绿色植物。

阿布扎比市所在的小岛上有一个标志性物体——一个高达 200 多米的旗杆，这是号称世界上最高的旗杆。该旗杆高 200 多米，上面的旗帜长 40 米、宽 20 米，总面积达 800 平方米，相当于小半个足球场。虽然看上去并不觉得旗帜很大，因为它太高了，但只要拿它跟下面的建筑物比较一下，就知道其有多大。

在旗杆的下面就是阿布扎比的博物馆，也叫民俗村。里面的建筑和环境再现了当年原住居民的生活状态和风貌。

里面集市街道的小院门上，挂着各种标志牌，告诉你这间店铺是制作银器的，那间是卖香料的，那间是卖布料的。这里还有阿拉伯人最古老的住房——"茅草房"，地上全是沙子，中间铺着地毯，桌子的一边放着类似沙发一样的坐垫，另一边放着床。外面还有个风塔，这里是劳作区。

民俗村里还饲养着许多动物，有羊、牛，还有鸡鸭等家禽。在另一处还饲养着马、骆驼和骡子。其中以那头骡子最好玩，人们前来参观时，一般都会先走到最有沙漠特色的骆驼旁，这位老兄就会吃醋，在旁边一个劲"阿呜啊呜"地直叫唤，以吸引人们的注意力。庭院里还有一口井，阿布扎比是降水量较高的酋长国，特别是阿布扎比的阿莱茵地区。民俗村里的这口井，表明古代的阿布扎比人是从地下得到淡水来维持生存的。

民俗村里还有身着阿拉伯传统服装的妇女，她们在这里摆摊出售一些有阿拉伯风格的小工艺品。有时这里还有歌舞表演。

从民俗村里遥望海对岸的阿布扎比市，可以看到阿布扎比城的美丽风景。这边是木船茅棚，那边是高楼大厦，不能不让人感叹时代日新月异的发展。

2. 古堡

无论在阿布扎比、迪拜、沙迦，还是在阿拉伯联合酋长国的其他城市，你都可以看到那些用泥土和石块垒起的古城堡，它们与混凝土、钢架结构的现代化建筑形成鲜明的对比。它们原是各个酋长国的王府和谢赫们的官邸，也是他们最主要的活动场所。随着一座座现代化的高楼大厦在茫茫沙海中拔地而起，这些貌似简陋的古堡仍作为阿联酋的历史见证被保留在原地，现代化的高速公路也不得不绕道而过。20世纪60年代，阿联酋各酋长国的政治、文化生活发生了很大变化，酋长们逐渐从这些古堡中迁出，政府部门也都搬进了高楼大厦，其中阿布扎比的政府机构于1966年迁出古堡。往日谢赫们在古堡里的生活是很有意思的。每逢重大的节日，谢赫和来访者包括平民百姓一起敲着小手鼓，载歌载舞，还时常在古堡边举行骑骆驼比赛。

阿联酋的古堡规模各异，形式也不同。古堡内通常有一个正方形的院子，古堡四个角上设有四座岗楼，四周是高高的围墙。有的岗楼高达四五十英尺，有的呈圆形，也有的呈正方形或者长方形。阿联酋规模最大、历史最久的古堡在阿布扎比。1761年，阿布扎比岛上发现淡水，1791年，原在贝尼亚斯的纳哈扬部落首领迁居该岛，并在这里建造了该家族的第一个古堡。阿联酋众多的古堡至今仍在被使用，有的作为博物馆，有的作为驻军的营房。如今的古堡内也装有电灯、电话、电视、自来水和液化煤气等现代化生活设施。

位于巴斯底克亚的迪拜古堡也许是在阿联酋被保护得最好的一座。1971年，遵照迪拜统治者谢赫拉西德的旨意，它被辟为博物馆，对外开放。据居住在迪拜的长者们说，这座古堡的里外均和七八十年前一样。它的建筑材料也与其他古堡不同，是用珊瑚石和碎贝壳等原料混合而成。位于迪拜商业区的法赫迪古堡，也是当地最古老的建筑之一，现也成为一座陈列馆，它和目前成为海湾文献档案馆的阿布扎比古堡一样，作为阿联酋文化和历史的见证，受到人们的关注。

3. 阿拉伯塔酒店（BurjAl-Arab）

又名"帆船酒店"，是世界上唯一一个七星级酒店，位于延伸至阿拉伯海湾 280 米处的人工岛上，外形就像一面迎风飘扬的风帆，塔高 321 米，一共有 56 层，曾是全球最高的酒店，是阿联酋最奢侈建筑的代表。除了别致的外形，酒店还有全年普照的阳光和阿拉伯神话式的奢华——躺在酒店房间里的床上就可欣赏到一半是海水、一半是沙漠的阿拉伯海湾美景。

阿拉伯塔酒店开业于 1999 年 12 月，共有高级客房 202 间，是一个帆船形的塔状建筑。阿拉伯塔酒店糅合了最新的建筑及工程科技，迷人的景致及造型使它看上去仿佛和天空融为一体。

在阿拉伯塔酒店享受地中海风味的高级厨艺，可谓是人生至高的享受之一了。

4. 迪拜世界贸易中心

这是中东最重要的贸易展览中心，中心共有七个主展馆，室内面积为 31955 平方米，具备一流的国际标准展览设施。所有中东最重要的展览都会在该中心举行，每年都要举办 100 多个国际大型展览。

迪拜世界贸易中心于 20 世纪 80 年代建成时是迪拜第一座摩天大楼。虽然现今这座大楼已经埋没在周围众多新的高层建筑中，但是它仍是迪拜的国际贸易和商务中心，20 年来众多国际性的重要会议在这里举行。

迪拜世贸中心集团在迪拜国际机场附近兴建了迪拜机场展览中心（Dubai Airport Expo Centre）。2007 年，迪拜世贸中心专属的展馆共举办了 106 个大型会议和展览。迪拜大型展会项目，如中东通信技术展（GITEX），阿拉伯医疗展（Arab Health），海湾食品展（Gulfood）、中东国际汽车展（Middle East International Motor Show）和迪拜塑胶展（Arabplast）等已成为阿联酋每年固定展出的项目，吸引了众多当地、海湾地区以及世界其他国家和地区的观众。近年来，房地产业和酒店餐饮服务业等涉及中东经济主要增长领域的展会也纷纷在这里举办。

5. 迪拜国际展览中心

迪拜国际展览中心是中东最先进的展馆，拥有体现世界最新技术水平的设施和优良的服务，同时迪拜也是世界游览胜地，每年都吸引着世界成千上万的商贸人士来此参加各种展览和会议，政府也投入大量资金来保证迪拜拥有最好的基础设施和设备，使展会组织者和参展者能在舒适的环境中取得良好的经济效益。

每年有超过 60 个国际性展览在此举行。迪拜与世界其他国家广泛的经济联系保证了其在过去 20 年中举办的展览都相当成功。

迪拜拥有众多的商业机会，是进入中东每年 2000 亿美元市场的必经之路，也是世界经济组织举办国际会展的基地，迪拜国际展览中心精选了若干专业展览会，在此举行，展览效果很好，但中国企业目前来参展的很少。通过这些交易会，作为推销商，可有助于企业在中东海湾地区建立新的商业网络，交易会既是一个最佳的集会，也是一个最好的机会。

6. 棕榈岛

从高空俯瞰阿联酋的迪拜，依稀可见两棵巨大的棕榈树漂浮在蔚蓝色的海面上。仔细辨认，棕榈树竟是由一些错落有致、大大小小的岛屿组成。棕榈岛是个人工岛，它被称为世界第八奇迹，是"古巴比伦空中花园式的惊人想象力和古阿拉伯富豪奢华气派的结合"。棕榈岛工程由朱迈拉棕榈岛、阿里山棕榈岛、代拉棕榈岛和世界岛4个岛屿群组成，所有的岛屿均由人工填海完成，岛上建有1.2万栋私人住宅和1万多所公寓，还包括100多个豪华酒店，此外还有港口、水主题公园、餐馆、购物中心和潜水场所等设施。此外，还有一个海底酒店、一栋世界上最高的摩天大楼、一处室内滑雪场、一个与迪拜城市大小相当的主题公园。

7. 迪拜文化博物馆

阿联酋迪拜文化博物馆位于阿法迪城堡内。这座建筑同时也是一个奇妙的军事博物馆。阿法迪城堡建造于1787年左右，曾经是守护迪拜的军事要塞，也曾用作宫殿，守军驻地和监狱。1971年，阿法迪城堡得以重建，1995年加建了艺术馆，用以介绍阿拉伯人的祖先贝都因人的历史。现在其作为阿联酋景点之一吸引了世界各地的游客。在迪拜文化博物馆的另一个大房间里，陈列有海洋生物以及当年阿拉伯人在水下采集珍珠的活动场景，不仅有塑像，甚至有珍珠商人曾经使用过的确定珍珠重量和大小的秤和尺，以及过滤珍珠用的筛子，把阿拉伯人早先的沙漠和航海生活状态完整地再现在游客面前。

沿着迪拜文化博物馆一条地道进入堡垒。首先映入眼帘的是一些照片,反映了迪拜从 20 世纪 50 年代到现在的飞速发展历程。从破烂不堪的小渔村到现在的国际化大都市,很难想象才用了几十年的时间,迪拜就发生了这样翻天覆地的变化。

整个迪拜文化博物馆将海湾景致、传统阿拉伯住宅、清真寺、集市、古老的花园、沙漠和航海生活完整地再现在游客面前。就在迪拜博物馆旁边,还有一个是巴斯塔基亚(Bastakiya)民俗村。这里基本保留着传统的阿拉伯风格的建筑和旧貌。

8. 犹美拉赫清真寺

阿联酋有许许多多的清真寺,其中最引人注目的就是犹美拉赫清真寺。它简直就是伊斯兰建筑史中的典范,堪称经典。尤其是在晚上的时候,皎洁的月光洒在清真寺上面,有一种幽幽的、神秘的、抽象的感觉,很好地展现出其特有的艺术气质和创作灵感。

9. 酋长国宫殿酒店

酋长国宫殿酒店(Emirates Palace Hotel)位于阿布扎比海滩,北面和西面临海,是一座古典式的阿拉伯皇宫式建筑(以前只有在电影中才可以看到)。远远看去,它有点像清真寺,也有点像传说中的辛巴德或阿里巴巴时代的皇宫。每座宫殿都有一个传说,具有很浓的民族色彩。这座与阿联酋总统府仅一街之隔的宫殿式饭店,远看像一个巨大的城堡,它占据了 1300 多米长的黄金海岸线,被认为"简直就是为国王而建的"。酒店建筑群的穹顶全部由马赛克砌成，其中最大的穹顶直径达 42 米，表面镀银，并在最顶端装饰了黄金，再现了阿拉伯文明独有的富丽堂皇。

酒店最初是为迎接海湾合作委员会首脑会议在阿布扎比召开而修建的，故饭店的原名是"会议宫"，后更名为"酋长国宫殿酒店"。该饭店目前由凯宾斯基饭店集团管理经营，室内装潢由著名的英国设计师约翰·艾利奥特设计。他的设计基调庄重大方、富有浓郁的阿拉伯民族风格。

10. 迪拜室内滑雪场

迪拜室内滑雪场是一座独特的雪山主题公园，占地 2.25 万平方米，全年覆盖真实的白雪，让你一年四季都可享受雪中乐趣。这里拥有 5 条在难度、高度和坡度上都有变化的滑雪道。其中最长的一条滑雪道有 400 米，高低落差达 60 米。无论男女老少，无论是初学者还是滑雪健将，都可以在这里找到属于自己的快乐。

迪拜室内滑雪场是世界上最大的室内滑雪场，建设耗资近 3 亿美元，面积相当于 3 个足球场，可容纳 1500 人同时滑雪。在气温高达 40 摄氏度的迪拜，维持这一室内滑雪场完全仰赖于金钱的支持。

11. 火车头市场

这个火车头市场，是由曾在英国留学的沙迦博士酋长亲自设计的，其寓意是通过这个"火车头"能将沙迦人带上一条繁荣昌盛的康庄大道。里面的商品都充满着阿拉伯特色。从服装到金饰，到波斯地毯，到各种古董工艺品和装饰品，以及很有纪念价值的阿拉伯特色商品，每一样商品都能让你驻足许久。而且这里的东西相对来说比迪拜的便宜，还可以与卖主狠狠地杀价。

12. 遗产村

Hatta Heritage Village 由一个数百年前的村落改建而成，可算是在阿联酋保存得最完整的一个古代山村，里面有不少堡垒、房屋、古塔，村中还有民族特色的表演。

13. 公众花园

这个花园可能是世界上最美丽的花园，花园里有喷泉、花床、树木，搭配得恰到好处。这里比巴比伦空中花园更错落有致，这里比伊甸园更幽幽宁静。在阿联酋这个沙漠地带，种活一棵树平均要花 3000 美元。公众花园对游人免费，可以在里面拍照、野餐。

14. 沙漠绿洲——艾恩文化遗址

艾恩文化遗址的全名是"艾恩文化遗址：哈菲特、西里、比达—宾特—沙特以及绿洲"（Cultural Sites of AlAin：Hafit、Hili、Bidaa Bint Saud and Oases Areas）。它是由一系列遗产所组成，艾恩是阿布扎比附近的一个城市，素有"花园城市"的美誉。它是一个著名的考古点，拥有大量历史建筑，包括众多城堡和瞭望塔，也是这一地区由狩猎与采集文化向定居文化过渡的重要见证。

艾恩文化遗址距艾恩市以西约 10 公里，是当地著名的居住区。这里拥有大量史前文化遗迹，为人类自新石器时代起就在沙漠地区流动和定居这一事实提供了见证。这里最为著名的遗迹包括圆形石墓葬群（约公元前 2500 年），其他还有水井、灌溉系统以及大量的土坯建筑物，如住宅、塔楼、宫殿及行政建筑等。其以美丽的花园、有利的地理位置及与大量青铜器时代和铁器时代考古遗址相邻而闻名，这些遗址可追溯到公元前 2500~公元前 400 年。

盖塔拉绿洲位于艾恩以北，在古墓葬遗址中曾发现美丽的黄金饰品，这是一个 14 米长的集体坟墓，它的历史可以追溯到公元前 2 世纪上半期。绿洲上一些历史建筑大多建造于 20 世纪初，19 个建筑物中有 9 个清真寺，证明了宗教在社区内所发挥的中心作用。2011 年，这里被列入世界文化遗产名录。

15. 哈塔野生自然生态区

在阿联酋迪拜的东岸地区，有一个对于沙漠地区来说犹如人间仙境般的美景之地——哈塔野生自然生态区。当你乘车离开迪拜，将金黄的沙漠甩在身后时，你将穿越深沟，看到沙漠之国中难有的山麓。蜿蜒神秘的哈塔山脉，在你眼前幻化出不同的色彩。冬天雨季时溪水从山上潺潺而下，为河谷提供了许多意想不到的美丽景象。哈塔岩池依偎在哈塔山的峭壁上，岩池形成一个长条的走廊，包括瀑布和绿宝石样的池水。这里有葱郁的峡谷和干涸的河床以及哈塔古代的堡垒村落。从迪拜到哈塔岩池需要 90 分钟左右的车程。来阿联酋迪拜旅游的人们，可选择到这沙漠中难得一见的山水之地去感受一下大自然的神奇造物之功。

16. 迪拜六国城

在阿联酋景点中，有一座可以用磅礴来形容的著名购物中心，那就是迪拜六国城，其本名为伊本白图泰购物中心（Ibn Battuta Shopping Mal）。这是以古代摩洛哥著名旅行家伊本白图泰名字命名的一家大型购物中心。之所以又叫迪拜六国城，是因为该购物中心根据伊本白图泰游历过的六个具有 1000 年以上文明的古国，将全场分为六个区域，分别是中国、印度、波斯、埃及、突尼斯及安德鲁西亚，共六个"国家馆"，按各自的民族特色划分出六个风格迥异的购物环境，在不同国家的区域有完全不同的异域风情。

17. 阿联酋两大奇异建筑

阿联酋在建筑方面惯于创造新奇，并对传统的高层建筑结构和施工进行挑战，特别是最近竣工投入使用的两大建筑真可谓极尽标新立异之能。

"时光寓所"位于阿联酋迪拜，整座大厦像个巨大的时钟。最神奇的是，它能 360 度旋转，是世界上首座以太阳能为动力的整体旋转大厦。大厦外部有清晰的时间坐标线，并与地面墩座的 12 小时制时钟相呼应。

"美腿"大厦坐落在阿联酋阿布扎比。这座大厦由五星级饭店、酒店公寓、住宅楼和办公楼组成。它的外形犹如漂亮女子的两条"大腿"，并弯曲交叉在一起，两条"美腿"高 330 米，饭店位于顶部，两条"美腿"的中部由一座天桥相连，将上层的大厅连接起来，形成建筑结构上的辅助支撑。两条"美腿"伸向天空，这样的建筑，确实使人感到十分奇异独特。

18. 迪拜世界群岛

阿联酋迪拜著名的世界群岛（The World）位于迪拜海岸线边，在早已闻名遐迩的久美拉棕榈岛和德拉棕榈岛之间，距久美拉棕榈岛更近些。曾有人说，如果说人工棕榈岛是把迪拜放到了世界地图上，那么，世界群岛则是把世界地图放进了迪拜中。

世界群岛占地 5.5 平方公里，由 300 个模仿世界各大洲形状的人工岛屿组成一个微缩版的地球，其中包括约 1 平方公里的沙滩，每个岛屿的面积从 2.3 万平方米至 8.4 万平方米不等。据悉，此项工程预计耗资 140 亿美元。

虽然名字叫世界群岛，但它并不是按真实的世界地图来搭建：相邻岛屿之间至少要隔着 50 米宽的海水。比如"法国"和"西班牙"这样的岛屿间不提供陆路交通，完全依靠海上交通，以此确保各岛的独立性。

19. 萨杜

在印度尼西亚巴厘岛举行的保护非物质文化遗产政府间委员会第六次会议上，阿联酋传统编织技艺"萨杜"（sadu）被列入联合国教科文组织急需保护的人类非物质文化遗产名录中。

"萨杜"是阿联酋农村和牧区妇女从事的装饰品编织技艺。古代贝都因妇女将绵羊、山羊和骆驼毛清洗后，用一种木制纺锤纺成毛线，经过染色、上机编织等工序，制成有几何图形的黑、白、棕、米、红等颜色的织物。这种织物被广泛应用于家具和骆驼、马匹等牲畜的装饰上。

在古代，女子出嫁前必须从家族年长女性那里学会"萨杜"，出嫁后与邻里们相互交流纺纱技艺，在她们自己编织的"萨杜"布上谈天说地。但随着石油的发现和阿联酋经济模式的转型，社会生活发生急剧变化，现在只有少数农村和牧区的老年妇女掌握这门传统技艺。

为了使这一古老技艺得到传承，近年来，阿联酋政府，特别是阿布扎比文化遗产委员会和阿布扎比旅游局加大了对这种古老编织技艺的宣传和保护。如今在阿联酋民俗、民风文化活动中可以看到现场表演的"萨杜"。

二 文化、科学与教育

（一）科学与技术

1. 国际可再生能源机构总部正式落户阿联酋

国际可再生能源机构（IRENA）第三次全体大会在阿联酋首都阿布扎比召开。阿联酋代表在会上宣布，阿联酋总统已正式批准国际可再生能源机构总部设在阿联酋的协议。这是首个总部设在中东地区的国际组织。该协议的批准和执行将有助于巩固国际可再生能源机构在可再生能源领域的国际影响作用。

阿联酋"马斯达尔"执行主席兼国家能源事务和气候变化特使苏尔坦·艾哈迈德·贾比尔说，这是首个在阿联酋享有一切特权的国际组织总部，也反映了阿联酋作为全球可再生能源中心的领导地位。国际可再生能源总干事阿明·阿德南说："批准这个协议，以及众多国家的部长、官员和决策者出席国际可再生能源机构年会，是体现该组织作用的一个里程碑。"

国际可再生能源机构第三次全体会议的召开，也标志着"阿布扎比可持续发展周"正式拉开帷幕。在为期五天的活动中，来自全球数以千计的可再生能源和可持续发展领域里的领军人物汇聚一堂，共商全球寻求再生能源的最佳解决办法，应对在利用可再生能源、水安全和可持续发展方面所面临的挑战。

2. 小型节水农场

阿联酋地处北回归线上，介于北纬 22.5°至 26°之间，自然条件十分恶劣，气候炎热干燥，年均降水量约 100 毫米，而蒸发量却超过 3500 毫米，是典型的热带沙漠气候。阿联酋全国国土面积为 8.36 万平方公里，除艾因、利瓦和哈塔等少数几个绿洲外，全国 97%以上的土地均被沙漠或盐碱地覆盖。一些外国环境专家曾断言，这里无法发展农业。但阿联酋人民却凭着超强的决心与毅力，通过政府长期的政策扶持以及巨大的资金投入，因地制宜地确定了以私营小型节水农场为主体，国营大规模农场为补充，农业科学试验基地为外围，抗旱抗盐作物为重点的沙漠农业模式，并取得了较好效果。

阿联酋目前共有 23682 座农场。其中私营小型节水农场主要集中在阿联酋东部靠近波斯湾的哈伊马角酋长国，这一地区拥有从邻国阿曼境内的哈杰尔山脉中延伸出来的地下水系，而且降雨量也较为丰富。

在农作物选择方面，小型节水农场根据市场需求和产品生产成本确定种植结构，基本上不种植粮食作物，以生产蔬菜、水果和椰枣为主。在蔬菜品种上，主要生产番茄、黄瓜、茄子、西葫芦、辣椒、胡萝卜等果类蔬菜。大白菜、芹菜、韭菜、大葱等叶类蔬菜也有生产，但由于光照强烈，气温太高，阔叶类蔬菜生产难度很大，故产量有限，且价格极贵。水果品种方面，主要生产柑橘、柠檬、葡萄、桲果等。除上述传统果蔬类作物外，部分小型农场还开展了花卉种植。

阿联酋的小型节水农场近年来发展得如火如荼，不仅农作物产量和品质不断提高，种类不断丰富，而且还成为农业科研成果最好的实验基地。研究人员还创新性地把种植海篷子和培育红树林及鱼虾养殖结合起来，利用灌溉过海篷子田的高盐度水继续灌溉耐盐度更高的红树林，并利用红树林叶片饲养鱼虾，形成了一条较完整的生物循环产业链。

3. 沙漠有望变农田

阿联酋有一眼望不到边的绵延沙丘，那里常年连续几个月不下雨，科学家正尝试在沙漠地区生成云，从而实现对天气的控制。2010 年，科学家们在阿布扎比的艾恩地区制造了超过 50 场暴风雨。

作为阿联酋七个酋长国之一，阿布扎比聘请科学家秘密开发革命性人工降雨技术，为人类实现将沙漠变农田的梦想带来了希望。数百年来，中东地区的人们梦想着将沙漠变成适于种植庄稼的农田，淡水资源不再像如今这样紧缺。在阿布扎比总统聘请的科学家宣称已在沙漠地区成功造雨以后，人们距离这一梦想的实现更近了一步。

大多数人造暴雨出现在 7 月和 8 月的盛夏时节，通常情况下，艾恩地区在那个时候根本不下雨。不过，人工降雨也给阿布扎比当地人带来了一些烦恼，因为它们有时会变成冰雹，偶尔伴有大风和闪电。这批科学家一直在为阿联酋总统哈利法·本·扎耶德·阿勒纳哈扬秘密工作。他们采用大型电离装置（外形就像钢柱上的灯罩），生成大量带负电荷的粒子。这些粒子会促使云的形成，科学家希望它们接着可以生成雨滴。瑞士"国际大都市系统"公司（Metro Systems International）负责实施这个项目。

过去，一些国家使用化学制剂，对云进行催化以实现人工降雨或人工消雨作业。2010年6月，"国际大都市系统"公司建造了5个电离装置，每个装置配备了20台发射器，可以将数万亿个催化云形成的离子发射到大气层。虽然阿联酋气象专家预测艾恩地区无云或无雨，但整个夏天该地区仍出现了52场降雨。世界知名大气物理学研究中心——马克斯—普朗克气象研究所负责监督这个计划。

4. 阿联酋在沙漠建水上乐园，占地15万平方米

阿联酋首都阿布扎比拥有世界上唯一一个法拉利主题公园，而阿联酋的大亨们显然不满足只有这么一个陆地乐园，于是又在阿布扎比的沙漠中建造了一个巨大的水上世界乐园（Yas Waterworld）。这个巨大的水世界占地15万平方米，可为游客们提供43种各式各样的水上游乐项目。这个乐园的建设初衷是阿布扎比希望同迪拜竞争旅游项目。项目规划组本着越大越好的宗旨对其进行设计建设，并声称Yas Waterworld将成为世界顶尖的水上世界乐园，预计每天吸引游客可超过10000人。

5. 阿联酋最大的太阳能电站正式竣工

阿联酋最大的太阳能电站项目——沙姆斯1期已正式竣工，项目装机容量达到100兆瓦，建设历时3年，耗资6亿美元。沙姆斯1期由阿联酋马斯达尔太阳能集中发电厂、法国道达尔公司和西班牙阿文戈亚集团共同建设，装机容量

是阿联酋第二大电厂的 10 倍，可为大约 2 万户家庭提供电力，特别是在当地酷热的夏季电力需求高峰时。路透社称，随着项目的正式竣工，它也迈入目前世界上规模最大的太阳能集中发电项目的行列。

尽管阿联酋地区拥有广袤辽阔的沙漠以及高强度的年日照，但该地区对化石能源给予大量补贴，相较对可再生能源高补贴且对化石燃料征税的国家而言，其对太阳能以及其他绿色投资的吸引力较弱。例如，德国和西班牙的太阳能发电装机规模已经达到了数千兆瓦，印度也已建成了 1200 兆瓦的太阳能发电装机。目前，全球绿色能源领域投资分布不平衡的局势可能会有所改变。一方面，经济危机限制了欧洲继续在昂贵的绿色技术领域持续投资；另一方面，油气资源储量巨大的海湾国家也试图减少其化石燃料的出口。

（二）教育

2013 年阿联酋联邦政府预算支出中，教育占 22%，约合 27 亿美元；社会发展占 51%，达 62 亿美元。阿联酋联邦政府十分重视在发展国民教育、维护社会稳定方面的投入。社会发展方面的投入主要用于本国公民婴幼儿和残疾人保障。目前，阿联酋各地都建成了大量的幼儿园和儿童体育设施。所有的政府和公共机构都设有专门的婴幼儿室，以方便女职工照顾 2 个月到 4 岁的孩子。在各酋长国都设立了多个残疾人中心和体育俱乐部，为残疾儿童和成人提供治疗、教育、运动、职业培训等多种服务，帮助他们融入社会。

　　阿联酋国家统计中心前不久公布的一组数据显示，在2010～2011学年结束后，阿联酋首都阿布扎比居民的文盲率已下降至总人口的7%左右，这与1971年总人口中约有75.1%的人不识字相比，有了巨大变化。那时，阿布扎比有大约3/4的人不会阅读或者书写，经过多年努力，有越来越多的人，尤其是女性步入校门。

　　目前阿联酋女性文盲率仍高于男性，女性文盲率为8.7%，而男性的这一比例仅为3.5%。这主要是因为过去很长时间内女性是不能进入学校学习的。目前，阿联酋学校里男女学生人数已基本持平。

　　阿布扎比统计中心数据还显示，在2010～2011学年，阿联酋共有小学480所，其中299所由政府开办，共招收约30.6万名学生，男生人数为15.6万人，女生人数为15万人，每13.8名学生配一位教师，每间教室的学生平均人数为22.7人。

　　自1971年独立后，阿联酋教育发展迅速，尤其在扎耶德总统提出"人是国家的第一资源""唯科学技术才是进步和繁荣的途径"这一理念后，阿联酋政府视教育发展为未来的希望，始终置教育于优先发展的地位。历史上，在20世纪50年代之前，各酋长国实行的都是"私塾"教育，不存在现代意义上的教育体系和教育制度，所教知识局限于与伊斯兰教相关的宗教知识和阿拉伯语。阿联酋的第一所正规学校建于1950年。此后在邻国科威特的帮助下，相继在沙迦、迪拜等酋长国建立了一批中小学校，教师大多来自巴林、卡塔尔和埃及等阿拉伯国家。由于有高比率的投入，阿联酋的教育终于在短短 30 年时间内实现了教育的现代化。

1. 教育理念

根据国情，阿政府提出义务教育阶段的基本目标有以下几点。

一是学前教育。为儿童提供社会教育和爱心教育，以使他们在身心上做好接受小学教育的准备。

二是小学教育。培养学生的能力，发掘学生的爱好，教授伊斯兰知识，使他们自觉恪守伊斯兰教的各种道德和礼仪；同时进行科学知识的启蒙教育。

三是初中教育。继续正规传授各种知识，鼓励学生自主学习，以适应今后不断变化的社会需求；加强学生的爱国主义教育和培养他们热爱阿拉伯民族的高尚情操，自觉关心阿拉伯事务，树立献身阿拉伯民族进步的精神。

四是高中教育。用伊斯兰教规规范学生的行为和道德品质，强化学生的阿拉伯民族情结；教会学生掌握更多的科学技术知识，培养学生面对生活和从容融入社会的能力。

21 世纪前夕，阿联酋政府根据国家发展状况和未来发展规划，在审视独立后全国教育战线所取得丰硕成果的基础上，由教育部提出并颁发了题为《至 2020 年教育构想》的战略性文件，进一步明确了国家发展教育的战略目标和实施方案。

2. 基础教育

阿联酋的基础教育由公立学校和私立学校构成，从以下数字就可看出阿联酋基础教育发展速度。1971 年，全国只有中、小学校 74 所，男女在校学生 3.28 万人。1993 年，全国公立中、小学 534 所，在校男女学生 27.05 万人；2000 年，全国公立中、小学 710 所，在校男女学生 314275 人。

3. 职业技术教育

在基础教育得到显著发展的同时，近年来，在新型工业、农牧业迅速替代传统手工业、传统农牧业的背景下，阿联酋各行业的职业技术教育出现快速发展势头。阿联酋的职业技术教育发展规划是在德国帮助下制定的，操作性强，起点较高，有很强的前瞻性。根据职业技术教育振兴计划，阿联酋发展职业技术教育的基本理念是：加快培养专业技术人才的步伐，以适应国家社会、经济、文化发展的需要，最终实现专业技术人才的民族化。

4. 高等教育

阿联酋高等教育的历史不长，第一所阿联酋大学 1977 年在艾因城落成，现已建成一批高等院校和高等技术学院，其中有一定规模并享有盛誉的有：阿联酋大学、扎耶德大学、高等技术学院、白亚努大学、沙迦大学、阿治曼理工大学、沙迦美国大学、迪拜伊斯兰学院、迪拜医学院等。

阿联酋大学建于 1977 年，下设社会人文学院、教育学院、经济管理学院、法学院、农学院、工学院、医学院、卫生护理学院八个专科学院。

扎耶德大学是女子大学，建于 1998 年，总部设在阿布扎比，在迪拜有分部。该校下设文学院、理学院、新闻传媒学院、教育学院、信息管理学院、家政与管理学院六个学院。

高等技术学院成立于 1998 年，由阿布扎比分院、迪拜分院、沙迦分院、哈伊马角分院和富查伊拉分院 5 个地方学院组成。

沙迦大学建于 1997 年，下设伊斯兰教法和伊斯兰研究学院、法学院、文理学院、企业管理学院、工程学院、卫生学院、美术学院、通信学院八个专科学院，此外还有一个教育中心和职业培训部。

沙迦美国大学建于 1998 年，现有在校生 3000 多人。

阿治曼理工大学创办于 1988 年，该校的国内 4 个校区（阿治曼、阿布扎比、艾因、富查伊拉）和在西班牙的境外校区的在校生达 1.6 万人。

除上述大学外，在阿联酋还有一些隶属于大型企业的专门教育机构，大都属高等教育范畴，如迪拜宾馆管理学院、迪拜航空学院、沙迦金融研究学院、沙迦技术学院、沙迦通信学院等。至 2003 年，阿联酋全国已取得可进行高等教育资格的机构共 27 家。

5. 扫盲及成人教育

阿联酋政府认为，接受教育是每个公民的权利，政府有义务向所有公民提供受教育的机会。阿采取"多条腿走路"的方针，即基础教育、扫盲和成人教育齐头并进，以求在较短时间内提高国民的文化素质，为此，扫盲及成人教育一直受到政府的高度重视。扫盲教育实际上是一场为提高国民素质而进行的全民活动，在教育部的组织、领导下，各行各业积极投入，尤其是阿联酋妇女联合会，在女子成人扫盲方面功不可没。

(三) 文化事业

阿联酋自建国以来，政府既注重经济发展，不断提高人民物质生活水平，也十分注重文化事业的发展，希望通过发展文化事业，从根本上改变长期以来人民文化素质欠佳的状况。为此，阿联酋政府几十年来一直积极采取措施，大力发展国民教育，努力降低国民中的文盲比例，并不惜耗费巨资，在社会的各个层面加速营造健康向上的文化氛围。提高民族文化素养，振兴民族文化是除经济之外阿联酋国家发展的另一重要战略。阿联酋国家不大，由政府或由民间人士出资、兴办的各类文化机构遍布全国。这些机构在引领文化事业的发展、保护民族文化遗产、营造健康的文化氛围以及普及文化等方面发挥了重要作用。政府责成新闻和文化部所属的文化局对文化事业的发展予以指导和管理。

文化局负责的文化活动主要包括各类社会文化活动，如戏剧、音乐活动、编辑出版活动，以及组织筹办国内和国际书展等。目前全国共建有 16 家公共图书馆，属文化局管理的各类文化中心、民间艺术团体已达 30 多家。新闻和文化部与著名的社会文化机构，如阿布扎比文化会社、沙迦文化新闻机构、马吉德文化与遗产中心、阿布扎比文献与研究中心、阿联酋战略研究中心等，也有密切的联系。

阿联酋最著名的文化机构有以下几个。

1. 阿布扎比文化会社

阿布扎比文化会社成立于 1981 年，是一个专门的文化组织,由4个机构组成:文化与艺术机构、国家图书馆、国家档案馆和文献研究中心。文化会社由董事会领导,现任董事长是前总统代表艾哈迈德·哈利法·苏韦迪。因此,该会社形式上看是一个民间文化组织,实际上却有官方背景。

2. 阿联酋战略研究中心

1994年3月14日,在时任阿布扎比酋长国王储哈里法·本·扎耶德的倡导下,阿联酋战略研究中心正式成立,由前总统扎耶德的第三个儿子、时任阿联酋武装部队总参谋长的穆罕默德·本·扎耶德中将出任该中心主任。阿联酋战略研究中心是阿联酋国家级研究机构,宗旨是对与阿联酋国家及海湾地区安全、经济和社会发展相关的课题展开学术分析与研究,也对阿拉伯世界的文化、政治、经济,以及国际事件等展开研究,向政府提供咨询意见,提供决策依据。

阿联酋战略研究中心虽然只有10余年的历史,但已蜚声海内外,在海湾地区和阿拉伯世界中更是享有盛名,受到地区国家乃至欧美各国政要、专家学者的重视。

3. 阿布扎比文献与研究中心

中心始建于1968年,是阿联酋最早建立的文化机构之一,也是海湾地区最大的文献中心,主要负责收集整理阿联酋以及海湾地区各国的文献资料。该中心创建初期由阿布扎比酋长办公室负责管理,1971年改由阿布扎比事务部管理,1975~1978年由阿联酋总统办公室管理,1978~1983年改由外交部管理,1983~1999年划属阿布扎比文化会社,1999年后重又划归总统办公室管理。该中心于1975年加入国际档案理事会。中心下设的机构主要有图书馆、翻译部、当代文献部、妇女活动部、音像资料部以及区域文献部、美国文献部、德国文献部等。图书馆藏有一批内容与阿联酋以及海湾和阿拉伯半岛相关的历史古籍珍本，一些珍本的影印本和手抄本，以及一大批与海湾地区相关的阿拉伯文和外文报纸、杂志等。

4. 沙迦文化新闻局

沙迦的文化事业一直比较发达，阿联酋最早一批具有现代意义的学校就是在沙迦问世的，如台米米耶学校、伊斯莱哈学校、卡西米耶学校等，均建于 20 世纪 60 年代初。阿联酋第一份报纸也是在沙迦问世的。1936 年，沙迦就建立了该地区第一座文化俱乐部——伊斯兰俱乐部。1973 年，又建成了阿拉伯文化俱乐部。鉴于沙迦在弘扬阿拉伯伊斯兰文化方面所做出的努力和取得的成就，1998年，联合国教科文组织将沙迦评为阿拉伯国家著名文化都市之一。

5. 朱玛·马吉德文化和遗产中心

中心位于迪拜市中心，由阿联酋富商朱玛·马吉德投资兴建并负责管理，是私企投资文化事业之典范。中心以挖掘阿拉伯伊斯兰思想文化遗产为宗旨，在向世界各地征集包括手抄本、书籍珍本的基础上，展开对手抄本、珍本的修复、考证、注释等工作，同时也向阿联酋境内外学者开放所有的收藏资料和文献，供其进行相关的学术研究。

成立于 1987 年的手抄本和珍本管理处是该中心的核心

机构，除通过各种官方和非官方渠道收藏各种有学术价值的科学文献外，在修复古籍、手迹方面成绩也很突出，吸引着世界各国相关学科的专家、学者去进行科研工作。世界上不少著名图书馆和学术机构已与它建立了合作交流关系。研究和杂志管理处主要致力于伊斯兰思想文化方面的研究，尤以阿联酋和海湾地区伊斯兰文化为主。

三　体育、文学、艺术、卫生和传媒

（一）体育

1. 赛骆驼

骆驼被人们誉为沙漠之舟，这句话对阿联酋人来说更是一点错都没有。对于居住在沙漠深处的人家而言，没有了骆驼就等于失去了生命。

沙漠环境使人们必须特别关注骆驼，它在人们的生活中扮演着重要的角色。它曾驮着人们穿越沙漠，同时提供给人们骆驼奶、骆驼肉和毛皮，驼峰被用作小学生的"黑板"。目前现代化的学校设施已被广泛采用，但很多家庭仍会养几头骆驼，用于提供奶和肉。为了鼓励他们饲养这种高贵而又有历史传统的动物，政府提供特别基金。在阿联酋举办的冬季骆驼大赛中，阿联酋与其他阿拉伯国家的骆驼拥有者们选出自己最好的骆驼参加比赛。这是阿联酋最主要的节日。

每年都会举行骆驼竞赛，这也是这里居民的传统活动，以前只是在一些部落举办小规模的骆驼竞赛活动，现在活动越办越大、越办越知名，吸引了大量的观光客。

2. 扎法尔骆驼节

阿联酋扎法尔骆驼节每年在阿联酋首都阿布扎比以西约180公里的扎耶德城沙漠地区举办。传统项目除骆驼选美、骆驼竞跑、挤骆驼奶比赛外，还有灵缇犬竞赛、猎鹰和椰枣打包等赛事和评选活动，其中，骆驼选美是节日的重头戏。此外，这里的民俗市场还专门打出了"百分百阿联酋制造"的口号，以鼓励本土工业和手工制造业，提高国民和外国游客对阿联酋产品的认知，并通过大力宣传推介本土产品达到保护民族文化遗产的目的。骆驼是阿拉伯民间传统文化不可或缺的组成部分。骆驼节组织的骆驼选美、骆驼竞跑和挤骆驼奶比赛是阿联酋传统文化的集中体现，尤其巩固和传承了沙漠游牧民族贝都因人的传统和文化习俗。

阿拉伯联合酋长国的扎法尔骆驼节是海湾地区骆驼贸易的一大盛会。来自阿联酋、沙特阿拉伯、卡塔尔、巴林和科威特等国的大批骆驼汇集于此。扎法尔骆驼节业已成为人们了解阿联酋和阿拉伯游牧民传统文化的一个国际旅游品牌。

3. 斗牛

斗牛是阿联酋富查伊拉酋长国的一项传统活动。这种比赛通常在傍晚举行，参赛的公牛在观众的注视下用牛角展开较量。富查伊拉的斗牛非常激烈，但并不像西班牙斗牛那样血腥，不会出现在比赛中杀死牛的情况。通常是两头公牛展开较量，战况常常陷入胶着状态。傍晚时分，参赛的婆罗门牛在主人的牵引下抵达斗牛场，每一头牛都是大家伙，有的体重甚至会超过1吨。下午大约4点半起，观众开始前往斗牛场，5点时斗牛场里就挤满观众，通常以家庭为单位，人们坐在垫子上或者坐在车里观看激烈的斗牛比赛。

斗牛的蹄子激起斗牛场内的尘土，战况非常激烈。有时候，参赛的公牛会陷入疯狂，可能给对手造成伤害，甚至会冲向场外的观众，酿成惨剧。在这种情况下，场上的工作人员便会用力拽交战的公牛，强行将它们分开。如果公牛摆脱工作人员，冲向场外的观众，观众能做的就只有拼命逃跑。直到最近，组织者才在斗牛场周围搭起栅栏。在没有栅栏的情况下观赛无疑是一种冒险。

富查伊拉的斗牛比赛虽然很激烈，但并不血腥，参赛的斗牛不会受到虐待。1987年，伊斯兰理事会下令禁止斗牛以及其他任何用于娱乐目的的动物争斗比赛。不过，这并没有阻止富查伊拉的斗牛组织者继续组织斗牛比赛。

4. 赛船

另一传统竞技活动是赛船。有两种船被使用，第一种是由风作动力的单帆木船，几十只这种帆船披风斩浪，各种帆在阳光下熠熠闪光，这一景观是这个以传奇著称的国家里的一大奇观。另一种由人做动力的船，船长20米以上，由近百名划桨手奋力划动，以尽快到达终点。赛船活动每年在特殊场合举行，诸如纪念国庆日等，或为阿联酋传统海事活动的承继者服务。

5. 猎鹰

起源于很多世纪以前阿拉伯的猎鹰活动。飞翔的猎隼或鹰以它们的力量和速度著称，过去阿联酋的猎鹰不仅仅是一种运动，而且还能为人们的餐桌增加美味佳肴，当然还会有好吃的野兔和肥美的大鸨。今天，它只是一项颇受欢迎的体育运动。如今阿联酋的人们关心并理解环保的必要性，保护猎物以免它们消亡。在政府的支持下，一些在保护范围内饲养这些备受欢迎的猎物的研究计划已出台，而且一项完整的研究国家鸟类资源的计划也正在进行中。

阿拉伯人大多爱鹰，许多国家的国徽就以鹰作为标志。迪拜的当地人更是爱鹰至极，上至高贵酋长，下至普通老百姓，都对猎鹰怀有特殊复杂的情感。阿拉伯人的祖先贝都因人曾经是沙漠中的游牧民族，这也可能是迪拜人"鹰情结"的由来吧。许多阿联酋人平时都是沉默得不能再沉默的人，可是一聊起猎鹰，他们会一下子眉飞色舞起来，仿佛变了一个人似的。猎鹰分两种，即猎鹰和游鹰，猎鹰生性凶猛，有耐性，视力极佳，能够轻而易举地抓获猎物，十分适合在沙漠中行猎，因而非常受欢迎。原始贝都因人是驯鹰的佼佼者，他们用鹰来捕猎打打牙祭，或是在无聊时斗鹰来寻乐。

6. 迪拜赛马世界杯

迪拜赛马世界杯创建于 1996 年，是世界上顶级的比赛，仅仅一天的赛程，组织者就要向获胜者颁发出 2000 多万美元的奖金，而在花费高昂的同时，组织者并没有特意使用更多的商业技巧去实现经济利益。

迪拜赛马世界杯是为期近 3 个月的迪拜赛马节的最终环节，被称为"世界杯之夜"。赛事共设有 9 项比赛，最为紧张激烈的赛程仅为一天，却吸引了世界各地最名贵的马匹，顶级的骑师纷沓而来。这不仅因为这里拥有最先进的赛道，可以让赛马在价值千万美金的赛道上尽情狂奔，还有最诱惑的奖金，迪拜赛马会为此次赛马节提供总额为近3800万美元的赛事奖金，其中包括7场一级赛，10场二级赛，7场三级赛和多场表演赛。

7. 迪拜体育城

迪拜体育城（DSC）沿阿联酋公路而建，与迪拜赛车跑道〔（Dubai Autodrome），又称摩托城（Motorcity）〕毗邻，是一个集运动、生活、休闲、娱乐、商业及企业发展于一体的独特组合。2004年底，迪拜投资发展委员会（DDIA）斥资40亿美元动工兴建迪拜体育城，全城占地面积为465公顷。DDIA计划在迪拜体育城内兴建中东地区最先进的运动场地，如高尔夫球场、大型俱乐部、棒球体育馆、多功能足球场、田径比赛场地和多功能室内体育馆、赛车场以及各类娱乐项目设施。

迪拜体育城以4大场馆为特色：设有6万个观众席位的多功能露天大型运动场，可容纳2.5万名观众的大型露天板球运动场，带有1万个观众席位的室内比赛场及1个可容纳5000名观众的曲棍球比赛场地。其中，由南非高尔夫球星恩尼·艾斯（Ernie Els）签名设计的、18洞72标杆的高尔夫锦标赛球场为迪拜体育城中最先竣工并最早投入使用的体育设施。

（二）文学

1. 诗词

诗词是阿联酋文学的主要部分，渊源于阿拉伯半岛古代游牧部落的诗歌文化。阿布扎比文化会社收集出版了载有自阿拉伯蒙昧时代到当代最著名的 38 位诗人的 7300 首诗的词集，还出版了阿拉伯诗歌百科全书光盘。

当欧美电视台风靡歌舞选秀分类节目时，中东地区电视台则"诗意盎然"。阿联酋热播的诗歌选秀节目"百万诗人"，不仅吸引数千万名阿拉伯观众观看，还促使越来越多的人开始以诗抒意，平民诗人迭出。

"百万诗人"节目始于 2007 年 4 月，因冠军能赢得 100 万迪拉姆（约合 28 万美元）现金大奖而得名。活动在海湾各国巡回设置多个分赛区，凡 18 岁至 45 岁的海湾国家公民均可参赛。经层层晋级，杀入决赛的前三名能分别获得 100 万、50 万和 30 万迪拉姆奖金，组织者赛后还会专门编辑出版一本选手精选诗集。

公元 4 世纪，阿拉伯奈伯特诗歌在阿拉伯半岛兴起，在"百万诗人"等节目推动下，这种阿拉伯传统文艺形式引起越来越多年轻人关注。在电视诗歌背诵选秀中，蒙着面纱的海莎·希拉尔一路过关斩将，最终获得第三名。这位 4 个孩子的母亲勇敢地在舞台上朗诵自创的诗歌，主题大多是批评宗教裁判制度，主张女性权利，呼吁思想自由。

2. 专业文学

阿联酋地处海湾和干热辽阔的沙漠之间，几千年的沙漠生存经历，为人们积累了大量的知识和爱好，主要表现在捕鱼、采珠、放牧、狩猎、骑马、猎鹰、驯骆驼、赛骆驼等方面。扎耶德总统就撰写了一本关于捕鹰和驯鹰的书。

为进一步发展迪拜艺术，阿联酋航空连续几年举办文学节，力邀 100 多位国际知名的畅销书作家与后起之秀齐聚一堂，参加为期 4 天的迪拜文学活动。

2009 年的首次文学节展示了迪拜对文学的渴望，犹如迪拜国际电影节和 Skywards 迪拜国际爵士音乐节表现了迪拜对电影和音乐的喜爱一样。2010 年的文学节更具规模，出席作家更多，活动环节增加一半以上，有大量的阿拉伯作家出席。除了讲座、辩论和读书会外，还有妙趣横生的现场音乐演奏和厨艺展示。

文学节还加强了教育作用，迪拜文化和科技协会增加了一天"教育日"，还有一系列由作家主持的工作坊和讨论会，以激励儿童阅读，提高阿拉伯人的读写水平。

（三）艺术

迪拜每年举办的年度迪拜国际电影节，吸引了全世界大量的名人来到这个沙漠之国，为迪拜的文化增光添彩。另外，迪拜还有许多音乐厅，吸引许多著名的音乐家来迪拜做现场表演。迪拜沙漠摇滚音乐节亦是摇滚艺术家的一个重大节日。世界顶尖级别的剧团和歌舞团也常常来迪拜做巡回演出。在阿联酋的沙迦酋长国，有许多文化艺术馆和博物馆，不仅经常举办世界性的各类书画展，也每年举办文化节。阿联酋政府不惜花费 500 万美元巨资，借来毕加索的真迹，在阿布扎比举办画展，并免费为游人开放，随便参观，为活跃阿联酋的文化和加强与各国的文化交流做着不懈的努力。

1. "要塞宫"艺术节

"要塞宫"遗址是阿布扎比市中心一处重要的历史性建

筑，建于18世纪，是阿布扎比历史发展的见证和缩影。阿布扎比酋长国的历史始于公元1760年，当年生活在现今阿布扎比西部沙漠地区的贝尼亚斯部落首领谢赫迪亚卜·本·伊萨为保护一处珍贵水源不被外族侵占，在如今阿布扎比市中心临近海边的一个地方搭建了一个瞭望塔，后来他的儿子将这座简易瞭望塔改建成一座坚固的要塞。随着阿布扎比酋长国作用的日益突显，以及当时周边政治、战略格局出现的变化，贝尼亚斯部落由大漠深处向海岸线一带迁徙和扩展，最终将统治中心由沙漠腹地移至位于阿布扎比岛中心位置的这座"要塞宫"，阿布扎比也从一个因珍珠贸易而兴盛、繁荣起来的小渔村，成为海湾沿海地区势力最大的一个酋长国，实现了政治、军事和经济等方面的全面发展和飞跃。

为了增加人们对国家文化遗产的认同，阿布扎比市政和艺术节组委会特意在"要塞宫"遗址上搭建了民俗文化一条街。在这里人们不仅可以看到久负盛名的阿联酋猎鹰和阿联酋传统手工编织技艺"萨杜"，还能现场观摩阿联酋农村妇女从事的传统椰枣叶手工编织，品尝到阿联酋民间风味小吃。

2. 肚皮舞蹈（Khaligi）

起源于阿拉伯和阿联酋等中东国家，由于舞蹈者在舞蹈中时常会因舞蹈的动作，使头部和头发不停地摇摆，因此肚皮舞蹈又被称作"发丝舞蹈"，其风格非常有女人味。肚皮舞源于中东地区，最早是作为一种宗教仪式，叙述有关大自然和人类繁衍的循环不息，庆祝妇女多产以及颂扬生命的神秘。

肚皮舞蹈后来逐渐发展为一种民间艺术，并最终成为广泛流行于中东地区各国的一种独特的娱乐和表演形式，是神秘的阿拉伯文化艺苑里的一朵奇葩。作为一种优美的身体艺术，肚皮舞通过舞蹈者骨盆、臀部、胸部和手臂的旋转以及令人眼花缭乱的胯部摇摆动作，塑造出优雅性感的舞蹈语言，充分展现出舞蹈者身体的柔美。

肚皮舞还是一种全身的运动，可以让舞蹈者的腿部、腹部、肩膀以及颈部都得到充分的活动，从而提高身体的弹性和柔韧性。肚皮舞蹈中手臂的动作非常重要，它能表达出舞蹈者的优雅。肚皮舞蹈不仅仅是一种运动，它还为心灵与身体建立了一种精神纽带。舞蹈者可以感到自己像蝴蝶、海浪、流水一样欢快与自由。当舞蹈者翩翩起舞时，舞蹈者变得更为优雅、更有力量、更加性感。

3. 长发舞

长发舞是阿联酋的一种传统舞蹈，但并不是随处可见，按照当地习俗，阿联酋妇女婚后外出需穿黑袍并用黑头巾裹头，将头发遮盖得严严实实，有的妇女甚至还要戴上面纱。因此只有在重大喜庆场合才会表演长发舞。

长发舞是一种以甩摆头发为表演特征的舞蹈，一般参加人数不限，有长发者便可。她们穿着五颜六色的长裙，排成一列，散落一头平时从不外露的秀发，随着时急时缓的鼓点翩翩起舞。少女们手臂相挽，脚步前后踏动，慢慢地摇动身躯和长发。随着音乐旋律的加快，身体和头部的摆动幅度也越来越大。

在女孩们欢快地甩发舞蹈时，男人们用鼓、木棒和手掌敲击出各种不同的音色和音调，并交织成各种复杂而又鲜明的节奏，控制着整个舞蹈情绪的发展和变化。

4. 音乐喷泉

迪拜音乐喷泉（Dubai Fountain）是世界最大的音乐喷泉，由原世界第一的、美国 Bellagio 喷泉的制造商 WET 公司设计，总投资 2.18 亿美元，比美国的 Bellagio 喷泉大许多，为目前世界最大的音乐喷泉。它的总长度为 275 米，水柱最高可以喷到 150 米，相当于一栋 50 层楼的高度。会喷射 2.2 万加仑的水，并配有 6600 个灯光以及 50 个彩色投影机。喷出的水柱有 1000 多种变化，可以说是名副其实的千变万化。伴随着阿拉伯以及来自世界各地的歌曲，喷洒的水柱像是在人们面前跳着优雅的舞蹈。既有音乐，又有舞蹈，还如焰火。

（四）卫生

在所有的城市、边远的山区村落和沙漠村庄中，都有公立的医院和诊所，为所有的阿联酋公民和居民提供高水平的免费或只收取极少费用的医疗服务。

阿联酋目前有 42 家医院，其中公立医院 33 家，私立医院 9 家，有病床 7500 多张，还有 120 所公立医疗中心，500 多所私营诊所。医生有 3000 多名，牙医 4000 名，护士近 7500 人。全民就医率很高，平均每 933 人有一个医生，每 350 人有一名护士，每 250 人可有一张床位，已达到世界先进水平。

随着医疗水平的提高与医疗服务的扩展，婴儿死亡率已降到了最低。公民寿命延长了，男子平均寿命 70 岁，女子平均寿命 73 岁，已达到发达国家的平均水平。阿联酋的医疗服务是免费的，只收取很少的挂号费和每年更换医疗卡的费用。卫生部的财政支出逐年增加，近几年，共支出 11 亿迪拉姆（约 3 亿美元），平均每年达 3 亿迪拉姆（约 8000 万美元）。

（五）传媒

1. 图书出版业

阿拉伯世界是全球出版业最具增长潜力的地区之一。阿联酋是一个人口和文化非常多元化的国家。英语是当地继阿拉伯语之后的第二大官方语言，当地教育部门自幼儿园起一直到大学都进行英语教学。因此翻译图书和英文出版物在其出版业中占有很大比重。阿联酋出版的图书中，大约 40% 是从英语或其他语言翻译过来的。阿联酋有 150 家较大型书店及 160 家出版社，整个阿拉伯语国家共有出版社 1000 多家。根据有关统计，阿拉伯世界每年出版的图书仅有 5600 种。为缩短与出版发达国家的差距，阿联酋政府近年来格外重视提高阅读水平和振兴文化。

2. 传媒业

随着阿联酋经济实力的高速增长，传媒业也迅速崛起，阿联酋成为中东地区的传媒业中心。2001 年，迪拜政府建立了迪拜媒体城，如今它已成为 CNN、BBC 等 1000 多家国际媒体公司在中东地区的总部所在地，涉及电视台，杂志社，广告制作公司、电子商务公司等各式媒体。迪拜政府随后又开发了"电影城"，包括多银幕电影院、影戏学院、影视工作室、创意工作室、外景拍摄场地等。

3. 报刊业

阿联酋政府在新闻管制上比较宽松，正如阿联酋新闻文化部部长阿卜杜拉·本·扎耶德所言："自 1971 年阿联酋成立之日起，阿联酋的报业就享有广泛的自由，不会受到任何事前的监督。"

阿联酋有三大报刊出版发行机构。

一是国家报业出版发行机构。主要出版《联合报》《阿联酋新闻报》，以及妇女杂志《海湾之花》、儿童杂志《马吉德》和《电脑与科技》月刊。二是白亚努报业印刷出版机构。主要出版《白亚努日报》、《体育与青年》周刊和经济周刊《今日阿联酋》。三是海湾报业印刷出版机构。主要出版《海湾日报》、杂志《日出》、妇女杂志《全家》、经济周刊《经济人》与英文报《今日海湾》。

由于经济和文化的开放，在阿联酋的书报期刊市场上还可看到近 3500 种外报外刊，其中阿拉伯文报纸 107 种、杂志 459 种，英文报纸 30 种、杂志 1698 种，印度报纸 102 种、杂志 526 种，法文报纸 7 种、杂志 143 种，巴基斯坦报纸 26 种、杂志 83 种，以及意大利报刊 101 种、俄罗斯报刊 48 种、菲律宾报刊 114 种。

4. 通讯社

阿联酋通讯社是国家通讯社，直属新闻文化部，于 1976 年 11 月成立。在国内各主要城市以及伦敦、巴黎、华盛顿、纽约、莫斯科、东京、开罗、突尼斯、贝鲁特等派有常驻记者。用阿拉伯文和英文发稿。

5. 电台及电视台

阿联酋有阿布扎比、迪拜、乌姆盖万、哈伊马角4家电台，阿布扎比、迪拜、沙迦和阿拉比亚等8家电视台，阿布扎比电台每天用阿语、英语、法语和乌尔都语播送节目。阿拉比亚电视台新闻节目用阿语连续24小时播送。此外还建有卫星地面接收站。

6. 广告业

阿联酋2005年的全国广告收入为9.61亿美元，其中报纸广告占了总支出的3/4强，收入为7.15亿美元，其后分别为杂志、户外广告、电视、电影以及电台广告。

7. 网络

阿联酋是海湾地区互联网覆盖率最高、电子商务最发达的国家之一。据统计，阿联酋有36%的人口使用互联网服务。

8. 华文网络媒体

华文网络媒体。在阿联酋的华人华侨有10万人之多，成为近10年来全球华人数量快速增长的地区之一。另外，阿联酋政府实行比较宽松的新闻政策，因此，阿联酋华文媒体不断涌现。

创办于1998年的海湾华人网（gulfchinese.com），是阿联酋首家华文传媒，它结束了阿联酋无华文传媒的历史。该网站是一个公益性质的网站，主要为在中东地区的华人提供新闻、供求信息、招工求职信息，以及娱乐等信息；为国内同胞提供海湾地区国家资料、签证办理，迪拜指南、投资咨询、展会信息等。2004年8月，阿联酋中国商会也建立了自己的团体网站。面对日益增长的中国贸易出口商和互联网用户，阿拉伯亚洲商务卫视推出了在线国际贸易平台——阿拉伯商贸网。它提供中国产品和供应商信息，致力于在全球商家，尤其是在中东采购商和中国产品供应商之间架起贸易桥梁。

阿联酋的华文报刊。2001 年，阿联酋的第一份华人报纸《绿洲》创刊。这是一份周刊，主要是为新到阿联酋的华人介绍阿联酋的社会情况和提供新闻资讯。目前《绿洲》发行量已达 5000 份。2003 年，《新民商报》（The Community Newsletter）于阿联酋媒体城注册创刊，成为阿联酋第一份获得发行牌照并在七大酋长国发行的华文报纸。该报目前是在阿联酋发行量最大的华文报纸和影响力较大的报纸之一。为了增加中东华商的信息沟通、经验交流，上海东方国际集团公司驻阿联酋公司"阿联酋东方投资顾问展览公司"创办了《东方商报》。它是中东地区唯一一份获许在迪拜世贸中心国际展览会上发布的专业商情报纸，同时也是一份极具市场潜力和深受读者欢迎的商业报纸。另外，阿联酋华文媒体还有周刊《华人时报》《华人之窗》等。

阿联酋的华文广播电视。2005 年 2 月 18 日，迪拜电台中国音乐文化节目正式开播。这个节目为传播中国音乐和中国文化发挥了积极作用，也为丰富迪拜乃至整个阿联酋中国侨民的业余文化生活提供了良好平台。2006 年 8 月 1 日，是阿联酋华文传媒历史上具有里程碑意义的日子。当日，中东首家由中国人收购的电视台——阿联酋媒体城下属的一家电视台"阿里巴巴商务卫视",改名为"亚洲商务卫视"(Asia Business TV),顺利上星,正式开播。该台和著名的半岛电视台共用阿拉伯地区最主要的通信卫星"尼罗河"广播卫星,电视信号覆盖中东和北非21个阿拉伯语国家,观众超过4亿人。

迪拜作为中东地区贸易集散中心、旅游中心和世界第三大转口贸易中心,目前是中东地区华人华侨最集中的聚居地。正因如此,阿联酋华文传媒的创办地非常集中,都在迪拜,由它辐射全国。但到目前为止,阿联酋华文媒体数量仍然很少,规模也很小。

(六)印刷业

阿联酋是中东印刷市场上比较活跃的国家。迪拜包装印刷展(GULF PACK-GULF PRINT)是中东地区最大的贸易展会。阿联酋全国目前拥有500多家印刷厂。

(七)相关机构及书展

1. 相关机构

阿布扎比文化与遗产局(ADACH)创建于2005年,其使命之一是推动并支持阿拉伯世界的图书出版和分销业发展,并寻求与其他文化充分沟通和交流的机会。2007年,ADACH启动了一个名为Kalima(阿拉伯语意为"词")的大型翻译资助项目。该项目将在今后的几年中,为百部古典以及现代的世界级著作(包括文学、非文学、学术类)的阿拉伯语译著提供翻译资助。

KITAB(阿拉伯语意为"图书")是2007年11月由阿布扎比文化与遗产局和法兰克福书展正式签署协议成立

的合资企业。成立该组织的目的在于发展阿联酋地区的图书和出版产业，促进阿布扎比酋长国和周边酋长国的阅读发展。KITAB 的一个关键职能便是主办阿布扎比国际书展，另一项任务是在阿布扎比建立国际出版社。

2. 主要书展

阿布扎比国际书展（Abu Dhabi International Book Fair，简称 ADIBF）每年 3 月或 4 月在阿布扎比举办。书展由阿布扎比文化与遗产局创办。从 2007 年开始，阿布扎比国际书展与法兰克福书展联盟。阿布扎比力图通过此举将自己打造成为中东和北非地区图书出版发行业的中心，推动东方和西方的文化交流，使阿布扎比国际书展成为阿拉伯世界的一流书展。

沙迦世界书展（Sharjah World Book Fair）创办于 1982 年。于每年 12 月在阿联酋沙迦酋长国的首都沙迦举行，为期 10 天，主办方是沙迦文化和信息部（Department of Culture & Information of Sharjah Government）。沙迦是中东地区重要的贸易展览中心，沙迦世界书展是中东地区最重要的书展之一。为了保证书展的国际性，沙迦世界书展加入了很多国际组织，如亚非图书委员会、阿拉伯出版商协会、海湾合作委员会图书组织等，并被国际出版商协会所认可。

第五章　对外关系

阿联酋奉行中立、睦邻友好和不结盟的外交政策。主张通过和平协商解决争端，维护世界和平。在加强同美国等西方国家关系的同时，重视发展与阿拉伯等第三世界国家关系。近年来，阿联酋积极推行"东向"政策，发展与中国、日本等亚洲国家关系。主张加强海湾合作委员会国家的团结与合作。阿联酋至今已同 147 个国家建立了外交关系。

一　与美、俄、英、法等国关系

（一）同美国的关系

阿联酋丰富的石油资源和所处的战略地位，一直受美国的重视。两国关系较密切，双方军、政要员经常互访，并就两国关系、中东与海湾地区局势等问题进行磋商。2009年1月，阿联酋同美国签订了和平使用核能协议。美国的军事、经济、科技水平和实力，特别是在解决中东问题上的重大作用得到阿联酋的特别关注。

阿联酋虽然同美国的关系密切，但也同美国存在分歧和矛盾。阿拉伯联合酋长国亿万富翁哈拉夫·哈卜图尔接受媒体采访时曾放出豪言，如果美国共和党总统竞选人、地产大亨唐纳德·特朗普当选总统，海湾阿拉伯国家可能会从美国撤出数十亿美元的投资。哈卜图尔是阿联酋最大的家族商业帝国之一"哈卜图尔集团"的主席，其旗下企业遍及汽车、酒店和建筑等领域。2015 年 8 月，哈卜图尔曾在阿联酋《国民报》发表文章，公开支持特朗普竞选美国总统，称"比起政客，美国现在更需要一名成功的商人"，而特朗普将能带领美国"重新成为超级大国"。然而，在特朗普发表"全面禁止"穆斯林入境的言论后，哈卜图尔开始调转"枪口"，猛批特朗普。

美国致力于与阿联酋建立密切的军事合作关系，以便遇到突发事件时阿联酋能够为其提供方便。美国和阿联酋在军事合作方面有着许多正式和非正式协议。在阿布扎比酋长国佐法尔空军基地建立的战斗机飞行员培训中心已经开始运作。该中心将被用来培训整个海湾地区的战斗机飞行员，包括美国在内的许多国家将参与该中心的培训工作。

美国目前正在悄悄帮助中东地区的诸多产油大国提升国防力量，以便应付可能发生的"伊朗导弹袭击"。在伊朗的诸多中东"邻居"中，阿联酋和沙特阿拉伯是美军武器的两大买家，它们已经从美国购买了超过 250 亿美元的军事装备。阿联酋购买的军事装备主要包括 80 架 F-16 战机，以及爱国者导弹和更为先进的远程反弹道导弹。美军也邀请阿联酋参加了在美国本土举行的"红旗"军事演习。这个海湾小国希望加强同美国的军事合作,同时也大批量购买美制先进武器系统。

阿联酋是 2014 年美国在中东的最大贸易伙伴,双边贸易额达 250 亿美元。这其中仅双方的军售合同,以及阿联酋航空公司和阿提哈德航空公司给波音公司的订单就高达数十亿美元。阿向美出口的主要产品包括电子产品、消费品、宝石等非石油产品。

(二) 同俄罗斯的关系

1985 年 11 月,阿联酋与苏联建交。苏联解体后,阿联酋继续保持与俄罗斯的友好合作关系,曾向俄提供紧急财政援助,帮助俄新政府渡过经济难关。阿重视俄大国地位,希望俄保持稳定,并在国际事务中继续发挥应有的作用。

2012 年 12 月,俄罗斯与阿拉伯酋长国在阿布扎比签署了和平利用核能的合作协议,双方的签字代表分别为俄罗斯国家原子能公司总经理谢尔盖·基里延科和阿联酋能源部部长穆罕默德·哈米利。俄阿协议将为转让技术和签署发展核能所需核材料的供应协议提供法律基础。签署协议后,哈米利在新闻发布会上说:"考虑到俄罗斯企业已有对阿联酋供应核燃料的相关合同,我们与俄罗斯在该领域的合作尤为重要。"他说,政府间协议将有助于拓展俄阿在核能领域的合作框架。基里延科表示,上述协议是从 2009 年就开始准备的综合性协议。

阿联酋经济部数据显示,2014 年,阿联酋与俄罗斯之间的非石油贸易额增长 27%,达 103 亿迪拉姆(约合 28.1

亿美元）。其中，阿联酋向俄罗斯出口增长84%，阿联酋从俄罗斯进口增长6%。双边再出口贸易增长123%，为19亿迪拉姆。就贸易额而言，俄罗斯是阿联酋第23大贸易伙伴，俄罗斯也是阿联酋第20大进口市场。

2015年，阿联酋与俄罗斯联合投资了几个项目。俄罗斯直接投资基金（RDIF）首席执行官Kirill Dmitriev透露，其与阿联酋合作伙伴组成的联合投资基金在成功投资俄罗斯基础设施项目后，计划将在第三国开辟新投资项目。俄罗斯计划和海合会其他国家的投资者共同投资埃及的农业、核电、水电及其他能源项目，预计将吸引高达1100亿美元。目前，由阿联酋参与的俄罗斯两个基础设施项目已经启动，分别是可降低15%电力传输损耗的智能电网项目，以及联结13600个村镇的光纤互联网项目。

2016年2月3日，阿联酋外长阿卜杜拉在阿布扎比与到访的俄罗斯外长拉夫罗夫举行会谈，讨论加强双边合作问题，并就地区和国际局势的最新发展交换意见。双方一致表示反对和打击一切形式的恐怖主义，强调要维护国际和本地区国家的和平与稳定。

（三）同英国的关系

历史上，英国曾是阿联酋的宗主国。阿联酋独立后，仍与英国保持着传统的关系。英极为重视其在海湾地区的政治和经济利益，经常派军政要员访阿，参加历届迪拜国际航空展及阿布扎比防务展。

英国女王伊丽莎白二世于2010年11月24日抵达阿联酋进行访问。25日，阿联酋副总统兼总理谢赫穆罕默德·

本·拉希德·阿勒马克图姆与伊丽莎白女王一道在阿布扎比为计划于 2014 年建成的"扎耶德国家博物馆"设计方案和设计模型揭幕。当天，阿联酋外长阿卜杜拉与英国外交大臣威廉·黑格共同签署了核技术合作协议以及领事合作谅解备忘录、外交和特别护照持有人免签谅解备忘录。两国重申了双方于 1971 年签署的友好条约，强调要在共同关心的问题上进行协调与磋商，鼓励在教育、科技、文化等领域进行合作。

英国首相卡梅伦 2013 年 5 月 1 日在伦敦唐宁街 10 号会见来访的阿拉伯联合酋长国总统谢赫哈利法·本·扎耶德·阿勒纳哈扬，双方就巩固双边关系和加强在中东事务上的合作进行会谈。卡梅伦和谢赫哈利法认为英阿双边关系取得重要发展，尤其在深化建设实质性防务伙伴关系和建立新的贸易联系方面。此外，双方还讨论了国际社会应对海湾地区及更广泛地区热点问题采取的行动，包括伊朗、叙利亚、中东和平进程等。2013 年 9 月，阿联酋武装部队与英国军队在阿联酋境内举行代号为"2013 海洋短剑"的联合军事演习。来自阿联酋武装部队的多个单位与英军共同完成了一系列联合训练，旨在加强两军合作与协调，交流经验和军事信息。两军演练的课目包括联合军事行动的策划、指挥与实施，熟悉各种武器装备等。阿联酋武装部队经常与外国军队开展类似的联合军演，以提高实战能力，提高对现代化武器装备的使用水平。

（四）同法国的关系

两国关系特别是军事合作关系较密切，法国参加历届迪拜国际航空展和阿布扎比防务展，是阿主要的武器供应国。2008年1月，阿联酋同法国签订了和平使用核能备忘录。

阿联酋与法国2013年1月15日在阿布扎比发表联合声明，强调两国将扩大经贸交往规模，特别是在石油、可再生能源、核能、空中和陆路运输先进技术与服务方面加强合作。应阿联酋总统的邀请，法国总统奥朗德15日对阿联酋进行正式访问。两国元首在会晤后发表声明说，双方强调继续发展两国在地区各领域，特别是在气候变化、国际金融监管、反洗钱、粮食安全等方面的合作。双方希望加强在教育、文化及两国人民友好交往等方面的关系。声明说，双方同意加大合作与协调，促进阿联酋在法投资，鼓励法企业来阿联酋投资。两国元首表示，希望采取必要措施，使双方互惠互利的投资具体化，特别是在医药卫生、医疗、基础设施项目及创新领域。两国元首强调加强防务合作的重要性。长期以来，双方一直在军事和国防装备方面保持密切的合作伙伴关系。访问阿联酋期间，奥朗德还出席了在阿布扎比国家展览中心举行的第六届世界未来能源峰会暨首届世界水峰会开幕式，并做了主旨演讲。

2013年1月15日在阿联酋首都阿布扎比举行的第六届世界未来能源峰会上，会议主办方马斯达尔集团与法国有关方面签署联合声明，将就可再生能源的研发和提高能源利用率展开合作。双方在新能源领域的合作包括：共同研发商业上可行的新技术、促进专家交流、开发人力资源、共享政策法规经验。此外，协议开启了双方对可再生能源项目与可持续发展技术联合研究的模式。

2013 年 7 月 22 日，法国国防部部长勒德里昂前往阿联酋，签署了一项军售大单。阿联酋将向法国订购两颗高清军用卫星，这是自法国总统奥朗德上台以来完成的最大一笔防务出口订单。根据合同，法国将向阿联酋提供和发射两颗"太阳神"军用侦察卫星，建造一个地面站和培训 20余名工程人员。自从 2008 年开始接洽以来，法国企业一直与竞争对手——美国的洛克希德马丁公司展开激烈争夺，法国国防部部长 3 次亲赴阿联酋游说，终于拿下了这笔巨额订单。法国希望借此契机继续争取敲定向阿联酋出售雷达、装甲车、战斗机等武器装备的合同。

两国在签署军售订单的同时还达成协议，由法国军方协助阿联酋方面对卫星画面进行分析并分享采集的情报。法国在阿联酋的军事基地是法国与阿联酋在 1995 年签订的防务协议的延续。长期以来，阿联酋曾多次要求法国在该国设立军事基地，但是，在希拉克时代的海外防务政策中，对非洲的重视程度远远超过对波斯湾地区。

2007 年，阿联酋和法国在距阿联酋首都阿布扎比海岸500 米的萨迪亚特岛文化区合作修建"阿布扎比卢浮宫"博物馆，于 2012 年建成开放。阿联酋支付 2 亿~4 亿欧元购买使用法国卢浮宫品牌 20 年的使用权。

（五）同韩国的关系

2009 年底，阿联酋以进口韩国核电站为契机，与韩国建立了"战略合作伙伴关系"，即以民用核能合作为先导，兼顾油气开发等领域的合作，并由此通过军事交流、装备引进以及共同打击海盗等措施向军事领域拓展，其长远目标还包括文化和医疗卫生等领域的合作。韩国与阿联酋的"战略合作伙伴关系"是韩国中东战略和阿联酋"向东看"政策的重要组成部分，两国所面临的更关键任务是在未来数年更好地落实业已签署的相关协议，以促进两国以及东亚与中东地区之间关系的进一步发展。

2009年12月27日，韩国总统李明博访问阿联酋，双方签订了韩国帮助阿联酋建设4座核反应堆的协议。此次竞标成功的企业联盟由韩国电力公社为主导，还包括了"现代建设"、"三星物产"、"斗山重工业"和美国西屋电气、日本东芝公司。其中美国西屋和日本东芝都是在竞标后期作为分包商被拉进来的，所占比例很小，该企业联盟的主干是韩国企业。该项工程仅建设合同金额就达200亿美元，由于核电站建成后60年的后续运营以及维护业务也将由韩国承担，因此该工程的总体规模将达到400亿美元。该工程仅建设合同金额相当于100万辆索纳塔轿车或180艘30万吨油轮的出口额，在今后10年内将为韩国创造约11万个就业岗位。这是韩国整套核电工程首次出口，也是迄今为止韩国承揽的规模最大的海外工程项目。

阿联酋阿布扎比炼油公司和韩国三家公司签订总额为44亿美元的合同，用于鲁韦斯炼油厂的扩建工程。韩国三星工程公司、大宇建筑工程公司和GS建筑工程公司分别获得了金额为27亿美元、12亿美元和5亿美元的合同。韩国现代重工公司与阿布扎比天然气液化公司签署了一项价值10亿美元的有关在阿联酋Das岛上建造一个综合天然气开发厂的正式协议。

世界最高摩天楼"迪拜塔"竣工，此塔高达 800 多米，共 162 层，造价达 12 亿美元，举世瞩目。这座新晋世界第一高楼是由美国 SOM 建筑设计公司设计，承建方却是韩国"三星物产"公司，韩国人历时 5 年多将其建成。

此外，阿联酋近期新建的许多海水淡化厂都是由韩国企业中标，占总数的 40% 左右。

韩国在阿联酋市场成功的原因

第一，政府高层的高度重视。韩国是世界上第四大石油进口国和第六大石油消费国，石油资源几乎 100% 依赖进口，而韩国进口石油 80% 来自中东地区。因此，为了保证石油的供应，韩国政府高层高度重视与阿联酋的双边关系，大力推动企业进军阿联酋市场。

第二，国家政策的大力倾斜。在与韩国公司竞争阿联酋石化项目时，中国公司常常有力不从心的感觉，因为政府对韩国随承包工程项目出口的本国机械设备有巨额补贴，这也导致韩国企业的报价十分具有吸引力。

第三，公司自身的不懈努力。韩国公司进入中东建筑市场也只有近 40 年的时间，然而韩国建筑企业一步一个脚印，培养出了一支能打硬仗、敢打硬仗的过硬队伍。

除了自身业务素质过硬之外，韩国各建筑公司非常注意与东道国保持良好的合作关系，做好"公关"。如为了拉近与东道国的关系，各公司承建的工地上总是悬挂东道国领袖的画像。建筑公司也为工程所在地的老百姓做些诸如修桥补路之类的好事，并约束员工遵守当地的风俗习惯，注意礼貌。

（六）同德国的关系

近年来阿联酋与德国关系发展迅速，两国均视对方为地区的重要合作伙伴，两国高层往来增多。

2010 年 5 月 24 日，阿联酋外长、阿布扎比王储兼武装部队副总司令谢赫穆罕默德·本·扎耶德·阿勒纳哈扬强调，阿联酋重视在更广泛领域与德国发展双边关系，并把阿联酋与德国的关系形容为反映两国领导人共同友好愿望的战略合作伙伴关系。阿布扎比王储当天会见了正在此间访问的德国总理默克尔，双方回顾了两国在政治、经济、旅游和文化方面的关系，共同探讨了促进和发展这种关系的途径，同时还就中东和平进程及共同关心的地区和国际问题交换了意见。

2013 年 11 月 13 日，在阿联酋访问的德国外长韦斯特韦勒宣布，德国与阿联酋共同倡议建立一个资助叙利亚重建的信托基金。韦斯特韦勒当天与阿联酋外长谢赫阿卜杜拉·本·扎耶德·阿勒纳哈扬举行了会谈。在随后的联合新闻发布会上，韦斯特韦勒说，叙利亚"全国联盟"宣布参加叙利亚问题第二次日内瓦会议，这表明其正走在一个正确的方向上。韦斯特韦勒表示，希望会议能达成有助于解决叙利亚冲突的方案。他呼吁推动政治对话，呼吁有关各方积极支持第二次日内瓦会议，以使叙利亚尽快走出当前的危机。

2014 年 6 月 5 日，阿联酋外长在与来访的德国外长联合举行的记者招待会上表示，德国是阿联酋的战略伙伴，

2013 年阿、德贸易额超过 100 亿欧元，目前约有 1000 家德国公司在阿运营，且这一数字在不断增长中。现在两国之间每日有 15 个航班往来，在阿约有 12000 名德国人。

二　与阿拉伯主要国家关系

海湾地区因其独特的战略地位和复杂的地缘政治因素，始终是国内外中东问题研究的重点区域。其中海湾六个君主国家（即阿联酋、阿曼、巴林、卡塔尔、科威特、沙特阿拉伯）以海湾合作委员会为依托、以联合自强为目标的区域一体化进程成果显著，对于海湾地区乃至中东地区的地缘战略结构和整体安全走势所起的作用日益明显。2010 年底以来的中东大变局中，海合会凭借其雄厚的经济实力和美国的支持，乘势扩展在海湾以及中东地区的影响，加之埃及等国家在社会急剧转型过程中地区影响力的减弱，中东政治格局"东升西降"态势日趋明显，以海合会为代表的区域机制的重要性迅速提升。

（一）同沙特阿拉伯的关系

历史上，阿联酋与沙特阿拉伯在文化和宗教信仰方面的关系较为密切，但是有历史遗留的边界和相互认同问题。

1974 年，沙特阿拉伯与阿联酋签订边境条约，沙特阿拉伯获得了 Khawr al-Udaid 地区 25 公里长的走廊，直通波斯湾；作为回报，沙特阿拉伯放弃了 al-Breimi、Buraimi oasis 等地区。1993 年，沙特阿拉伯批准该条约；但是阿联酋迄今未予批准，并在近年重新提起 Khawr al-Udaid 地区的领土争议问题。

　　沙特阿拉伯和阿联酋为取得波斯湾海底的丰富油源，就领海主权争执已久，阿布扎比直接从卡塔尔接管输送天然气的计划激怒了沙特阿拉伯，引发双方直接冲突。这两国无法合作，让西方国家深感困扰。沙特阿拉伯和阿联酋都是美国在波斯湾的重要盟友，对西方抑制伊朗核武计划和军事野心有莫大帮助，两国直接冲突，震惊国际。波斯湾目前是全球武装最严密的地区，最早是沙特阿拉伯为了防范伊朗的威胁而加强军备和空防，后来阿联酋也加入军备竞赛。阿联酋虽是弹丸之地，目前却是全球第四大军火进口国。

（二）　同埃及的关系

　　埃及是中东大国，经济和军事实力以及政治影响力在整个阿拉伯世界举足轻重。半个世纪来，埃及曾在抗击以色列非法占领、维护阿拉伯民族合法权益方面发挥了领头羊作用。同时，埃及又是力排众议率先同以色列实现关系正常化的阿拉伯国家。在促进阿拉伯国家的团结事业上，发挥过有力的作用。而1981年成立的海湾合作委员会，是迄今为止仍在阿拉伯世界经济组织中发挥巨大作用的经济联合体，其雄厚的石油经济实力让世界不能小觑，足以影响整个阿拉伯国家的经济发展。

　　20世纪60年代，阿拉伯经济统一协议签订后，经济有了一定的保障，阿拉伯各国的经济开始得到加强。这一时期正是战争刚刚结束、百废待兴之时，每个国家都迫切需要发展经济，埃及与海湾六国之间的贸易往来也是在这个时候开始的。但是，与整个阿拉伯地区国家的合作一样，在经过如此漫长的岁月后，双方的经济合作仍处于初级阶段，没有任何进步，这从三个方面可以体现出来：商品贸易额、资本流动程度和劳务合作情况。

2016 年，阿拉伯联合酋长国武装部队与埃及武装部队在阿联酋举行了代号为"扎耶德-1"的联合军事演习。两国军队在联合军演中使用了最先进的军事训练系统，以提高军事作战和警备能力，应对地区面临的挑战。两国将加强军事方面的合作与交流，提升两国武装部队之间的协调能力。

（三）同伊朗的关系

阿联酋同伊朗关系正常，但是在海湾"三岛"即大通布岛、小通布岛及阿布穆萨岛的归属上两国存在争议。阿联酋的立场得到阿拉伯国家尤其是海湾合作委员会成员国的支持，但伊朗强调这三个岛屿是伊朗领土不可分割的一部分。因此"三岛"之争已超出两国范围，从一定意义上说，已成为阿拉伯和波斯这两大民族之间的争端。

阿联酋内阁会议 2012 年 4 月 22 日强调，阿联酋与伊朗有着悠久的历史关系，阿联酋重视发展和加强这种关系，呼吁通过双边谈判或国际仲裁来解决两国的领土争议。据阿联酋国家通讯社当天报道，阿联酋副总统兼总理、迪拜酋长谢赫穆罕默德·本·拉希德·阿勒马克图姆主持了当天的内阁会议。会议强调，必须解决包括大通布岛、小通布岛和阿布穆萨岛在内的领土问题，阿联酋坚持通过谈判或在国际法框架下解决与周边国家的历史遗留问题。

2016 年 1 月 4 日，阿联酋宣布降低与伊朗的外交级别，将阿联酋与伊朗外交级别由大使级降至代办级，同时减少伊朗在阿联酋的外交人员数量。据阿联酋国家通讯社报道，阿联酋外交部发表声明说，为执行上述决定，阿外交部于当天召回了阿联酋驻伊朗大使赛义夫·扎阿比。声明说，采取这一不同寻常的步骤是因为"伊朗一直在干涉海湾和阿拉伯国家内政"。

三 与中国关系

（一）与中国的历史文化交流和政治交往

从中国对外关系方面来说，中东国家和其他发展中国家处于十分重要的地位。中东是中国加强同整个第三世界团结合作的重要对象地区。在国际政治多极化、经济全球化的形势下，中东许多国家实行开放政策，希望扩大国际交往，实现和平与稳定，巩固和维护民族独立与领土主权完整，发展经济，促进社会进步。在新时期，中国发展与中东国家的关系出现了历史性机遇，不仅与在反帝、反殖、反霸斗争中同中国结下深厚友谊的中东国家关系有了新的发展，增加和丰富了许多内容，而且同之前尚未建交的中东国家也建立和发展了关系，与有些国家甚至成为战略伙伴关系。30 年来，中国与中东地区国家共同的战略基础不断扩大，双方关系开辟出广阔的新天地。

1984 年 11 月 1 日，中国与阿联酋建交。建交以来双边关系发展顺利。两国高层和各级别人员互访不断，在国际和地区事务中相互支持与配合。

2002 年 6 月，阿联酋经贸部部长法希姆·卡西米率政府代表团访华，与我外经贸部部长石广生共同主持召开了中阿第四届经贸混委会。2004 年 4 月，阿副总理兼外交部部长哈姆丹访华。2004 年 12 月，外经贸部魏建国副部长访问阿联酋，与阿联酋财政工业部部长助理哈里德·布斯坦尼进行了会谈，就发展双边经贸关系交换了看法，并出席了中国外经贸部和阿财政工业部在迪拜工商会合作举办的"中阿投资研讨会"，魏建国副部长还和阿经济计划部部长谢赫·鲁卜娜·卡西米女士一道出席迪拜中国商品分拨中心开幕仪式。

2005 年 6 月，曾培炎副总理率中国政府代表团对阿联酋进行正式友好访问，并与阿副总理兼外长哈姆丹·本·扎耶德进行会谈。2007 年 1 月 30 日，胡锦涛主席过境阿联酋迪拜，与迪拜酋长穆罕默德进行会面，双方就双边关系及共同关心的国际和地区问题深入交换了看法。

2008 年和 2009 年，阿联酋副总统兼总理、迪拜酋长谢赫穆罕默德·本·拉希德和阿布扎比王储兼武装部队副总司令谢赫·穆罕默德·本·扎耶德先后访华，增加了阿联酋政府和领导人进一步加强与中国在各领域全面合作的信心。

政治外交关系的发展为两国在经贸、文化等领域的合作铺平了道路。阿联酋是中国在整个中东地区最大的出口市场，两国间的经贸来往十分密切。阿联酋是中国产品的重要集散地。在中国对阿联酋的出口中，有 70% 的商品是经阿联酋再转口到中东其他国家和非洲地区的。

进入 21 世纪以来，阿联酋经济快速发展，阿联酋投资环境较好，市场非常开放，很多中国公司进入阿联酋市场。目前，在阿联酋的中国公司和企业有近 3000 家。近年来，在阿联酋政府"向东看"政策的指导下，阿联酋各酋长国和许多公司企业同中国合作的愿望越来越强烈。两国经贸关系正进入快速上升时期。

2010 年 5 月，阿联酋外长阿卜杜拉来华出席"中阿合作论坛"第四届部长级会议；9 月，中国全国人大常委会副委员长李建国访阿；10 月，中国国务委员兼公安部部长孟建柱访阿；阿联酋外长阿卜杜拉正式访华。2011 年 1 月，中国外交部部长杨洁篪访阿；7 月，中共中央政治局常委、中央纪委书记贺国强访阿。

2011 年中阿贸易额达 1959 亿美元，同比增长 34.7%。2012 年 1 月 17 日，中国与阿联酋发表联合声明指出，双方决定建立战略伙伴关系，在能源领域也将建立长期全面的战略合作关系，中阿两国的能源合作掀开新的篇章。

（二）经贸交往

2010 年，中阿双边贸易额为 256.9 亿美元，其中中国出口 212.4 亿美元，进口 44.5 亿美元，同比分别增长 21%、14% 和 71.6%。阿联酋是中国在阿拉伯世界最大的出口市场。中国出口的主要商品是机电、高新技术、纺织和轻工产品，进口商品主要是液化石油气、原油、成品油、铝及铝制品等。2010 年，中国从阿进口原油 528.5 万吨，同比增长 59.8%。

中国与阿联酋达成货币互换协议

中国已和阿联酋签署了一项价值数十亿美元的货币互

换协议，这是中国和海湾地区加强政治和经济联系的最新标志。规模达 350 亿元人民币（合 55 亿美元）的此项货币互换协议，是中国与外国达成的一系列货币协议中最新的一例。其有效期为 3 年，将允许两国央行利用本币提供双边贸易便利。

中国和阿联酋加强关系之际，阿联酋正进行一些重大的国际交易，而油价也已超过 100 美元/桶。占全球已探明石油储量 7% 的阿联酋阿布扎比酋长国，计划对 2014 年到期的油田区块进行招标。分析师表示，东方的公司很可能对目前持有合同的西方同行，如荷兰皇家壳牌（Royal Dutch Shell）、埃克森美孚（ExxonMobil）、英国石油（BP）和道达尔（Total）发起挑战。中国正大举进入海湾地区，与阿联酋在多个领域建立伙伴关系，不仅涉及经济领域，也包括能源领域，这是整个过程的一部分。

在迪拜注册的中国企业已经超过 3000 家，同时有 20 多万中国人在迪拜定居，约占迪拜人口 10%。在过去 10 年中，中国和阿联酋的双边贸易以每年 35% 的速度快速增长，2015 年翻了两番，总额达到 1000 亿美元。2020 年迪拜世博会之前，将有大量机会吸引中国企业参与迪拜的基础设施建设。

当前中国通过"一带一路"倡议发展与世界互通互联，中阿两国的关系也在互利互信的基础上得以加强。阿联酋已成为中国主导的亚投行创始意向成员之一。近些年来，亚洲经济的发展尤其是中国经济的不断发展，吸引了来自阿联酋企业的注意。亚洲经济发展和人口增长的速度都很快，市场广阔，阿联酋也希望通过各种途径与中国发展友好经贸关系。

"希望之路"轮船阿联酋起航

"希望之路"是中国自行设计、建造的第一艘大吨位自航半潜船，它的下潜深度近 10 米，能承载海洋石油开采平台和大型工程船舶等特种大型设备。中交国际航运有限公司曾于 2011 年成功运输阿联酋 MOS 公司艾哈迈德自升式钻井平台，这是该公司首次承运的国际业务。

中石油在迪拜建物流中心

中国石油天然气集团公司正在快速增加自己在中东地区的话语权，为了尽量减少由中东和北非地缘政治风险引起的项目中断，并为其他中东项目提供后勤支援，中石油计划在迪拜建立占地 20 万平方米的工业园区。目前中国的 10 大原油进口国中，有 5 个在中东地区。中石油选择迪拜作为中石油中东项目的后勤中心，一方面由于迪拜商贾云集；另一方面是因为迪拜有良好的港口资源和延伸至印度洋海岸的阿布扎比管线。

四大行加速中东布局

全球金融危机爆发 5 年后，随着地区动荡以及地产泡沫危机的影响渐渐远去，中国与海合会国家双边经贸及投资关系逐步深化，这对中资银行的跨境金融服务提出了新的要求。同时，巴林、阿联酋和卡塔尔三国都致力于将自己打造成区域性金融中心，出台措施引进国际金融机构。在这样的背景下，我国中国、建设、工商、农业四大国有银行加速了布局中东的步伐。

虽然经历过伊拉克战争，也经历过 2009 年的迪拜房地产泡沫危机，但从整体上看，海湾地区经济一直处于较高速度的增长中。

中资银行进驻中东的路径也与本土企业海外市场拓展的进度分不开。首先是服务中资企业，这些在当地开展业务的中资企业会在合作伙伴中扩大中资银行的影响力，然后中资银行逐步做到服务当地企业，这些企业能给银行带来相对高的收益。

（三）文化交往

中国与所有阿拉伯国家都签订了文化合作协定，并在其框架内签署了一系列文化合作计划。

最近几年来，文化交流日益受到两国政府的重视，2010 年，中国文化部派团对阿联酋进行访问，与阿方就两国间文化交流签订了谅解备忘录，还在迪拜举办了中国文化周。

在阿布扎比王储本人的倡议下，阿布扎比有关方面与中国汉办合作，在当地开设了第一所中文学校，教师全部由中方派出，学制从幼儿园至高中毕业。按阿方的规划，这所学校的毕业生可直接送往中国念大学。另外，阿联酋扎耶德大学和迪拜大学已分别计划在本校设立孔子学院。

阿联酋政府非常重视上海世博会。阿联酋国家馆是参展的外国馆里规模最大的之一，设计非常有特色，充分反映了阿联酋的地貌、文化和历史，阿政府动员了阿各大公司出资赞助参展，以便向中国全面介绍阿联酋 40 多年的发展历史，更多地吸引中国旅游者和投资者到阿联酋来。

2010 年 3 月 8 日，中国文化艺术展在阿联酋举行。中

国驻阿联酋大使馆与阿联酋妇联总会联合举办的中国文化
艺术展是为纪念"三八"国际劳动妇女节 100 周年。在中
国传统的大红灯笼的映照下，会场四壁挂满了以仕女、花
鸟鱼虫和山水为题材的精美中国画。

中阿两国关系最近几年在各个方面均有快速发展。在
阿联酋逐渐形成一股"中国热"，阿联酋人渴望全面了解中
国，不仅仅是了解中国的经济发展，同时也希望了解中国
的文化和中国的妇女。正是在这种前提下，中国驻阿联酋
大使馆与阿联酋妇联共同举办这样一场展览会，展现了中
国在文化、艺术等各个方面的成就，让阿联酋妇女对中国
有了更好的了解。

（四）中国与阿联酋旅游交往在快速推进

1984 年中国与阿联酋建交，2012 年建立战略伙伴关系，
两国经济文化交流逐步增加，阿联酋是中国在阿拉伯世界
最大的出口市场。2009 年 9 月，阿联酋正式成为中国公民
组团出境旅游目的地，赴阿游客数量快速增长，2011 年为
20.34 万人次，2012 年为 23.6 万人次，2013 年达到 26.3 万
人次，中国已成为阿联酋第十大客源市场，阿联酋成为中
国出境旅游第二十一位目的地国家。

结合两国经贸的迅速发展，通过输出"中国制造"的
商品，增加阿联酋人民对中国的了解，促进来华旅游，并
通过对来华旅游人员的"中国服务"，加深阿联酋人民对中
国的印象，带动两国经贸发展。文旅结合、文化互通，可
以加强中国旅游的文化吸引力与亲和力，给阿联酋游客以
强烈的异域文化体验。阿联酋游客对中国旅游景区认知度

较高的依次是万里长城、故宫、西湖、长江三峡、苏州园林和少林寺等。显然，中国文化应是对阿联酋市场的主打旅游产品。同时，在中国不少地方仍保存着许多伊斯兰文化遗迹，泉州、扬州和三亚的伊斯兰墓葬群，可择优开发成面向阿联酋游客的旅游景点，增强亲切感与亲和力。宁夏、新疆等回族、维吾尔民族聚居的地区，伊斯兰文化集中，更要加大对阿联酋市场的开发力度。

观光休闲与商务会议结合，扩大入境市场。阿联酋来华游客中，观光休闲的人占近50%，出差、商务、参会的超过40%，两者构成旅游需求主体。阿联酋游客对中国感兴趣的旅游因素中，优美的自然风光占比最高，其次是悠久的历史。对商务会议游客要提供优质的观光休闲配套服务，延长旅游服务链，使观光休闲与商务会议相互促进。

出境与入境结合，促进对中国的了解。目前赴阿联酋旅游的中国游客迅速增长，而且大多为高端消费者，在阿联酋卷起了一股"中国风"。出境游客是宣传中国、让目的地国家民众了解中国的鲜活载体。以出境旅游带动入境旅游，使出境旅游与入境旅游互相促进，是增加来华旅游人数的有效途径。

促销重点应是面向城市与面向中高端群体并重。阿联酋是高收入国家，也是城乡差别巨大的国家。常住人口中外籍人口占90%，绝大多数住在城市。旅游中心城市迪拜，常住人口226.2万，每年还接待游客近千万人次，人口密集度高。首都阿布扎比人口66万。中国的旅游宣传促销应以迪拜为中心开展，既针对阿联酋人，也针对外来人士，能收到事半功倍的成效。

中东地区是"古代陆上丝绸之路"与"海上丝绸之路"的交汇之处，也是当今"一带一路"倡议的重要组成部分。虽然目前占阿联酋来华游客比例不高，在我国入境游客中的比例不高，但从长远看，开发阿联酋客源市场具有先导与战略意义。阿联酋旅游在中东地区以至世界上的声誉与影响日益扩大，可以成为打开中东旅游市场的突破口和促进"一带一路"倡议的一步棋。若从我国入境旅游市场的全局看，穆斯林市场至今仍是薄弱环节。在接待阿联酋游客中，可以积累经验、完善设施，提高接待穆斯林客源市场的能力。这是建设世界旅游大国、强国的题中应有之义。

（五）中国宁夏回族自治区与阿联酋的经济文化交流

黑伯理团长率中国宁夏穆斯林友好访问团出使阿联酋。访问团在从沙特阿拉伯王国朝觐后的归途中访问了阿拉伯联合酋长国。在首都阿布扎比市，观光了阿布扎比市容。在这里，古老的阿拉伯建筑艺术与现代化风格相结合，马路两旁种植着耐高温、抗盐碱的各种草木，挺拔葱绿的椰树，不仅为城市增添了秀色，也使人们能在绿荫下乘凉，并呼吸到清新的空气。坐落在街心花园茵茵绿草地上的艺术雕塑和喷泉引人入胜。阿拉伯式咖啡壶造型的喷泉、街道旁供游人小憩的阿拉伯帐篷式座椅，以及珍珠贝壳造型的组合喷泉，古朴典雅、造型别致。

阿联酋享有"沙漠中的花朵"美誉，应邀作为主宾国参加活动，既是宁夏加强与阿联酋沟通交流的一次难得机遇，也是阿联酋展示形象、扩大宣传的重要契机。宁夏的清真食品、穆斯林用品、药品、轴承等已出口到阿联酋，随着内陆开放型经济试验区和银川综合保税区的建立，相信宁夏与阿联酋的经贸往来会步入更加广阔的天地。目前，宁夏已与阿联酋进行了哈拉认证，并合作创建了海湾国家第一所孔子学院，已开通了银川至迪拜的客运航线。

宁夏中卫市歌舞团在阿联酋迪拜表演了回族花儿歌舞剧《回乡婚礼》片段。宁夏中卫市歌舞团应邀到阿联酋交流演出，通过回族服装表演、八宝盖碗茶、响板舞以及回族花儿歌舞剧《回乡婚礼》片段展演，为观众呈献了一台具有浓郁回族特色的晚会，展示宁夏的风土人情和回乡文化，推动了中阿文化交流与合作。

宁夏书法家咸国英应中国书画国际交流中心的邀请，与国内13名著名书画家飞赴阿联酋，在迪拜、沙迦联合举办的书画联展中，共展出书法、国画、油画等作品160余幅，受到国外友人和当地华人华侨的欢迎和好评。2012年，阿联酋派出高规格经贸代表团以"主宾国"身份出席第三届中阿经贸论坛。其间举办阿联酋国家馆开馆仪式、中国—阿联酋商务投资论坛暨项目对接会、阿联酋时装秀、中国—阿联酋国家女子足球友谊赛等系列活动。宁夏银行与阿联酋希诺投资控股公司就希诺国际健康城项目签署合作框架协议。由阿联酋希诺投资控股公司出资建设的希诺国际健康城项目，是第三届中阿经贸论坛吸引的最大外资项目。

2013年4月28日至5月1日，银川政府经贸考察团利用"五一"假期赴阿联酋，就推进宁夏"两区"建设、提升银川对外开放水平、打造内陆开放型经济试验区、核心区和"中国迪拜",开展学习考察和招商推介活动。在阿期间,考察团广泛接触当地政府官员、商会负责人和企业家,推介银川政策优势和投资机遇,并取得了迪拜杰拜勒自贸区与银川综保区在近期签署战略合作协议、阿拉伯风情商业综合体年内在银川开工的两大成果。

中阿在教育、人文等领域的友好合作成果丰硕。阿布扎比中英文学校教学工作顺利展开,北京外国语大学和宁夏大学分别与阿联酋扎耶德大学和迪拜大学合作建立了孔子学院。

阿联酋经济部次长阿卜杜拉·萨利赫、阿联酋SPERONI 公司董事长穆罕默德·艾哈迈德就筹建宁夏中阿国际商学院的前期工作和合作办学事宜与中方进行了会谈。创办宁夏中阿国际商学院是我国开拓穆斯林国际人才市场的重要举措。宁夏回族自治区政府责成相关部门大力协调,积极推进项目选址等问题,全力支持学院的申办和建设。

宁夏:直飞阿联酋

2012 年,宁夏获批成为内陆经济开放试验区,正式推开了向阿拉伯世界开放的窗户。这几年,宁夏航空运输的吞吐量,以每年 20% 的速度增长。而作为省会城市,银川的河东机场是中国唯一一个没有基地公司的省会机场。

2013 年 8 月 13 日,阿联酋四个酋长国的航空局局长齐聚银川,与中国民航局的官员展开双边谈判。这是一次事关宁夏开放的关键性会谈。阿联酋航空公司、迪拜航空公司等中东地区的航空公司以及国航、东航、南航、海航等公司代表悉数列席会议。

将航权谈判的地点选在银川召开，一方面是宁夏方面的极力争取；另一方面，则体现了民航局等相关部门对宁夏的关照。

中国银川向阿联酋开放了第三、第四、第五航权。银川由此成为国内继海口后第二个同时获得第三、第四、第五航权的城市。而作为对等，阿联酋的迪拜，同时也向中国的航空公司开放了第三、第四、第五航权。

其中，第五航权的开放最为关键。所谓第五航权，就是航空承运人前往获得准许的国家，并将从第三国载运的客货卸到该国，或者从该国载运客货前往第三国。简单来说，就是中国的航空公司，可以由银川直飞迪拜，并以迪拜为中转枢纽，飞往更多国家。同样，阿联酋的航空公司也可以将银川作为中转基地，再飞往诸如韩国、日本等第三国。银川借助这一通道，获得了直飞阿联酋的机会。

银川到迪拜的航空通道建立后，也为引进高附加值的加工业带来了机遇。宁夏已经成立了货运航空公司。保税区规划了诸如黄金珠宝、羊绒制品等高附加值的产业，通过航空运输，到中东地区开展加工贸易。

六盘山国际度假区暨狩猎场项目

这是 2014 年 6 月宁夏固原市与阿联酋皇家投资局签订的国际合作项目，是中阿博览会的标志性成果，也是固原市与阿拉伯国家交流合作的突破性成果。项目总占地面积 817 公顷，计划投资 11.23 亿元人民币，由休闲度假区和狩猎场两部分组成，项目建设内容主要有疗养健身、商务会议、休闲避暑、娱乐文化、狩猎运动等，该项目的建成运营，将极大带动和提升固原旅游业的跨越式发展。

中阿国际学院落户宁夏

2015 年 3 月 5 日，阿联酋大学、北京外国语大学、宁夏教育厅、银川市金凤区、中阿国际教育投资股份有限公司在银川共同签署了《中阿国际学院合作办学协议》。根据该协议，阿联酋大学将与北京外国语大学在银川合作创办中阿国际学院，共同培养有助于中阿深入合作发展的专业型双语人才，提升中阿教育合作交流层次。

阿里·努艾米致辞时说，非常期待中阿国际学院早日建成，阿联酋大学将充分发挥自身优势，为培养国际化综合性阿语人才发挥积极作用，更好促进中阿文化、经贸的往来和交流，希望签约各方认真履约、精诚合作，让中阿合作办学顺利推进，结出硕果。

宁夏农业物联网技术将转移至阿联酋

2016 年 3 月 21 日，在举行的中阿技术转移项目签约仪式上，中阿（迪拜）技术转移中心、宁夏中阿技术转移开发有限公司与西部电子商务股份有限公司分别签署了《中阿设施园艺、智能节水物联网技术合作协议》《迪拜设施农业物联网应用项目建设协议》。根据协议内容，宁夏西部电子商务将为迪拜合作方提供花卉种植智能化和管理信息化解决方案，并建设温室数据采集系统、园区区域环境监测系统等。

为解决阿联酋迪拜园林农业局提出的技术需求，宁夏中阿技术转移开发有限公司组织西部电子商务股份有限公司设计开发了农业物联网应用系统、设施农业智能管理应用系统、大田节水智能灌溉系统等关键技术和集成解决方案，并开展了椰枣树节水智能灌溉管理系统和花卉智能管理应用系统的应用与示范设施。

阿联酋航空迪拜—银川—郑州航线首航

2016 年 5 月 3 日银川成为阿联酋航空在中国内地继北京、上海、广州后的第四个，也是中西部地区第一个通航点。航班每周二、周三、周五、周六执飞，共四班。阿联酋航空迪拜—银川—郑州航线的开通是宁夏回族自治区党委和政府建设"中阿空中丝绸之路"的一项重要成果，也是宁夏推进与阿拉伯国家务实合作的重大突破。阿联酋航空有强大的品牌效应，会吸引一批国内外的航空公司、物流公司集聚银川。届时，中转业务会在银川汇集大量人流和物流，为银川餐饮、住宿、批发零售等服务业提档升级提供强大动力。航线的开通还将有利于蔬菜、鲜花、葡萄酒、清真航空食品等宁夏特色优势产业发展，可吸引高附加值的、适宜航空运输的产业落户宁夏，促进全区产业结构调整。

2016 "驾越丝绸之路·中阿巴友好万里行活动"

为加快推进 2016 "驾越丝绸之路·中阿巴友好万里行活动"顺利举办，宁夏旅游局徐晓平局长就"驾越丝绸之路·中阿巴友好万里行活动"终点站活动安排、接待事项等与迪拜主题休闲度假公园埃尔温·柯明总监进行了洽谈，对方热情欢迎宁夏选择迪拜主题休闲度假公园作为"驾越丝绸之路·中阿巴友好万里行活动"的终点站，表示将对活动给予大力支持和积极配合，加快该项目的建设进程，并指定代表负责对接，全力以赴做好活动策划、车队接待等相关工作。

推介团一行还对宁夏（中东）旅游营销中心进行对接和指导，要求营销中心发挥引领作用、支点作用和纽带作用，有目标、有步骤开拓中东旅游市场，使中东赴宁夏的游客人次取得显著增长。

推进中阿旅游合作需要深耕细作、务实开拓，迪拜—银川航线开通为双方合作搭建了桥梁，宁夏旅游将通过这一桥梁让两地游客往来成为新常态。

参考文献

专著

丁文锋：《经济现代化模式研究》，经济科学出版社，2000。

王铁铮主编《沙特阿拉伯的国家与政治》，三秦出版社，1997。

王彤主编《当代中东政治制度》，中国社会科学出版社，2005。

王林聪：《中东国家民主化问题研究》，中国社会科学出版社，2007。

王铁铮主编《世界现代化历程（中东卷）》，江苏人民出版社，2010。

冯璐璐：《中东经济现代化的现实与理论探讨：全球化视角研究》，西北大学中东研究所2006年博士学位论文。

刘竞主编《中东手册》，宁夏人民出版社，2004。

杨光主编《中东非洲发展报告（2010~2011）》，社会科学文献出版社，2011。

杨光主编《中东非洲发展报告（2011～2012）》，社会科学文献出版社，2012。

杨光主编《中东非洲发展报告（2012～2013）》，社会科学文献出版社，2013。

杨光主编《中东非洲发展报告（2013～2014）》，社会科学文献出版社，2014。

杨光主编《中东市场指南》，企业管理出版社，2001。

杨伟国等：《迪拜——沙漠奇迹》，世界知识出版社，2006。

张士智等：《美国中东关系史》，中国社会科学出版社，1987。

陈宗德等主编《经济迅速发展的海湾六国》，科学技术文献出版社，1989。

肖宪：《世纪之交看中东》，时事出版社，1998。

金宜久主编《伊斯兰教史》，中国社会科学出版社，1990。

哈全安：《中东国家的现代化历程》，人民出版社，1995。

哈姆迪塔玛姆：《扎耶德传》，王贵发译，文化艺术出版社，1990。

赵国忠主编《海湾战后的中东格局》，中国社会科学出版社，2009。

唐纳德、霍利：《阿拉伯联合酋长国》，雅飞译，人民出版社，1978。

钱学文：《海湾国家经济贸易发展研究》，上海外语教育出版社，2000。

　　钱学文：《海湾国家经济贸易发展研究》，上海外语教育出版社，2002。

图书在版编目（CIP）数据

阿联酋经贸文化 / 刘伟编著. -- 北京：社会科学
文献出版社，2017.12
　（阿拉伯国家经贸文化丛书）
　ISBN 978-7-5201-1587-2

　Ⅰ.①阿⋯　Ⅱ.①刘⋯　Ⅲ.①阿拉伯联合酋长国-概
况　Ⅳ.①K938.7

　中国版本图书馆 CIP 数据核字（2017）第 250255 号

·阿拉伯国家经贸文化丛书·

阿联酋经贸文化

编　　著／刘　伟

出　版　人／谢寿光
项目统筹／祝得彬
责任编辑／张苏琴

出　　　版／社会科学文献出版社·当代世界出版分社（010）59367004
　　　　　　地址：北京市北三环中路甲29号院华龙大厦　邮编：100029
　　　　　　网址：www.ssap.com.cn
发　　　行／市场营销中心（010）59367081　59367018
印　　装／三河市尚艺印装有限公司

规　　格／开　本：889mm×1194mm　1/32
　　　　　　印　张：4.875　插　页：0.375　字　数：96千字
版　　次／2017年12月第1版　2017年12月第1次印刷
书　　号／ISBN 978-7-5201-1587-2
定　　价／48.00元